Ullstein

ÜBER DAS BUCH:

Dieses Buch ist ein Plädoyer für Normalgebliebene, ein Buch für Menschen, die nicht ständig mit ihrem Gefühls- und Liebesleben im Streß liegen. Sie finden darin Ihre ganz natürliche Auffassung von der Liebe, den erotischen Gefühlen und Erlebnisfähigkeiten bestätigt.

Verunsichert sind heute Menschen weniger durch Tabus, die ja längst zuhauf verschüttgegangen sind, als durch jene Art von „Aufklärung“, die verdunkelt statt klärt. Falsche Aufklärung und vieles, das den Eros direkt tötet, ergoß sich jahrzehntelang über uns, und mithin ist die Zahl der Ge- und Verstörten, selbst ohne die große diesbezügliche Dunkelziffer, inzwischen erschreckend hoch.

Keine Angst vor der Liebe ist einmalig auf seinem Gebiet, denn es beschränkt sich nicht auf Fallstudien gestörten Sexuallebens, sondern bietet Alternativen, indem es gezielt auf das geschlechtsspezifische Sexualempfinden eingeht, mit Versagerängsten aufräumt und die männliche bzw. weibliche Physiologie nicht wie üblich getrennt, sondern gerade in ihren komplexen Wechselwirkungen erläutert.

DER AUTOR:

Dr. med. Albert Hausmann, geboren in Haßfurth, Medizinstudium in München und Berlin, Approbation in Berlin, Promotion in München. Er ist praktischer Arzt mit gynäkologischer stationärer Tätigkeit in München.

Albert Hausmann

KEINE ANGST VOR DER LIEBE

Für ein bewußtes Sexleben

Ullstein

Sachbuch
Ullstein Buch Nr. 34986
im Verlag Ullstein GmbH,
Frankfurt/M – Berlin
Titel der Originalausgabe:
Bewußt erleben
Natürlich lieben

Ungekürzte Ausgabe
(auf der Grundlage der Ausgabe 1986)

Umschlagentwurf:
Gudrun Hänsel-Geneletti
Unter Verwendung eines Fotos
der Comstock Fotoagentur

Taschenbuchausgabe mit freundlicher
Genehmigung der F. A. Herbig Verlags-
buchhandlung GmbH, München

Printed in Germany 1993
Druck und Verarbeitung:
Ebner Ulm
ISBN 3 548 34986 2

März 1993

Die Deutsche Bibliothek – CIP-Einheitsaufnahme

Hausmann, Albert:
Keine Angst vor der Liebe: für ein bewußtes Sexleben/
Albert Hausmann. – Ungekürzte Ausg.,
(auf der Grundlage der Ausg. 1986). –
Frankfurt/M; Berlin: Ullstein, 1993
(Ullstein-Buch; Nr. 34986: Sachbuch)
ISBN 3-548-34986-2
NE: GT

Inhalt

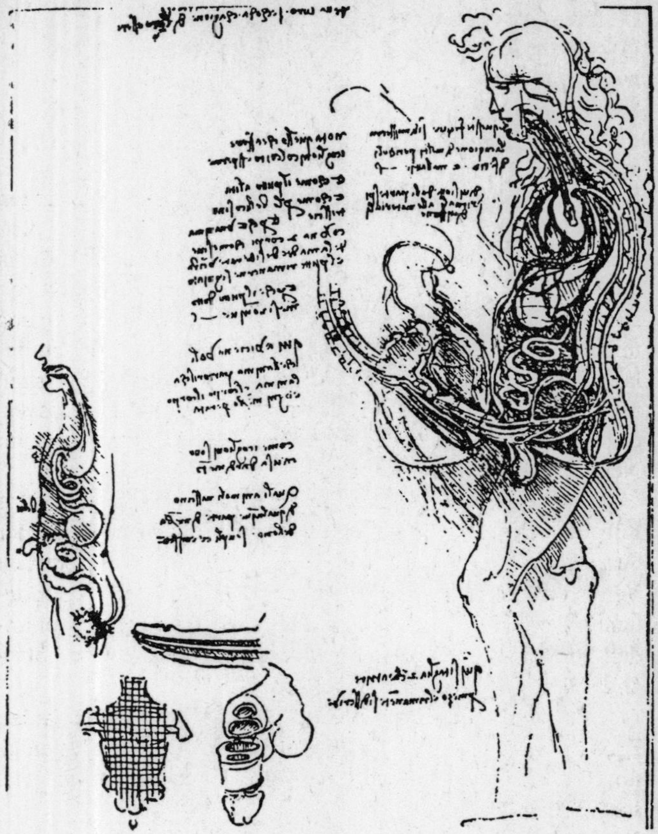

Leonardo da Vinci: „Vereinigung", Anatomische Studie, um 1493 (aus Gründen der Tarnung erfolgte die Beschriftung spiegelbildlich)

Einführung

Dieses Buch ist für Menschen geschrieben, die sich mögen und dennoch glauben, sich erotisch etwas schuldig zu bleiben. Sie sind heute weniger durch Tabus verunsichert, die ja längst zuhauf verschüttgegangen sind, als durch jene Art von ‚Aufklärung', die verdunkelt statt klärt. Falsche Aufklärung und vieles, was den Eros direkt tötet, ergoß sich jahrzehntelang über uns, und die Majorität derer, die an sich normal und natürlich empfinden, ist durch permanente Erosverdunklung so irritiert, daß sich viele Verhaltensweisen zum Negativen hin verändert haben.

Wundgeschrieben hat man sich die Finger über das Kranke, Gestörte und Negative, und anhand unendlicher Serien, die meist Fallbeispiele Gestörter bringen, werden Versagen, erotische Negativ-Konstellationen und alle möglichen Perversionen x-mal in aller Eindringlichkeit abgehandelt und illustriert; bezeichnenderweise werden Bibliotheken angefüllt, um zu zeigen – wie es nicht geht.

Das Informationsdefizit über den vergifteten und faulen Eros ist nunmehr endgültig beseitigt, nicht jedoch dasjenige über den gesunden – wovon zu berichten allerdings viel schwieriger ist.

Das Buch entstand, weil eine immer größere Kluft festzustellen war zwischen dem, was heute der Allgemeinheit in dieser Richtung zugemutet wird, und dem, was die Wirklichkeit des Liebeslebens ausmacht. Ich gewann den Eindruck, daß man endlich klar sagen muß, und zwar mit dem Mut zum persönlichen Bekenntnis, daß immer mehr falsche Propheten, die oft genug mit ihrer eigenen Verklemmtheit beschäftigt sind, sich wie Tyrannen unseres Liebeslebens gebärden;

mindestens so engstirnig und unduldsam wie einst die Repräsentanten im Umkreis puritanischer Heuchelei.

Demgegenüber erforsche ich die natürlichen Voraussetzungen der Liebe zwischen Frau und Mann und bemühe mich, die erotische Erlebnisfähigkeit aus ihrer Anlage heraus zu verstehen, aus der Sphäre des Normalen bis hin zum Idealen. Ich frage: Wie ist es denn bei Menschen, die sich in ihrer erotischen Haut relativ wohl fühlen und nicht gleich alles mit dem Begriff ‚Problem' verknüpfen?

Denn die Perspektiven für die Kunst zu lieben sind von Anfang an verstellt, wenn man glaubt, die Dimension normalen Liebeslebens ergebe sich einfach durch Abzug des Krankhaften. Und deswegen kann man auch erotische Erlebnisfähigkeit nicht kurzerhand vom Negativen her lehren, lernen und beschreiben, am allerwenigsten mit jener erbärmlichen Prosa, die nur die Kehrseite zum Inhalt hat. Manche wollen uns mit ihrer sterbenslangweiligen Trias S–S–S (kaputter Sex – perverse Sensation – morbider Sadismus) weismachen, normal sei langweilig, während ich meine, daß in der dualen Liebeswirklichkeit die höchsten Erlebnisstufen erreicht werden.

Natürlich handelt es sich dabei keineswegs um irgendwelche besonderen Fähigkeiten, aus denen man dann etwa Forderungen an sich und den Partner ableiten müsse. Denn hier gibt es keinerlei Planziel, dessen Nichterreichen gleich als Störung oder Krankheit zu betrachten ist, und es entfällt mithin der angebliche Leistungskampf im Bett. Wirklichkeit ist vielmehr, daß auch noch so gute Liebesbeziehungen nur zeitweilige Hochs sind und daß die Tiefs dazugehören.

Den Frauen hat man endlich das Recht auf Orgasmus zuerkannt. Gut so. Aber dasselbe Recht heißt wahrhaftig nicht, daß die Frau zum Höhepunkt kommt wie der Mann; im Gegenteil, alle, die stets vom weiblichen Orgasmus nur im Singular reden, wissen nicht, wovon sie reden.

Es fehlt die Information von den spezifisch weiblichen

Orgasmusformen, von den Orgasmusunterschieden zwischen Frau und Mann, und so schätzen heutzutage selbst die orgasmusfreudigsten Frauen ihre eigenen Wollustwellen falsch ein. Selbst nach einer Serie auf hohem Lustniveau brechender Wellen meinen sie immer noch, nicht ‚gekommen' zu sein. Weil sich nichts Einmaliges und Explosives tut wie beim Mann.

Die Orgasmusfähigkeit der Frau wird somit nach dem Reaktionsmodell des männlichen Höhepunkts beurteilt, und es ist mithin nichts als Aberwitz, wenn die verunsicherte Frau beispielsweise etwas zu erreichen versucht, was sie nur aus dem männlichen Höhepunktserleben kennt, während bei ihr womöglich schon Dutzende von Orgasmus-Wellen abgelaufen sind. Es gibt Frauen, die Ketten von Orgasmen in der Frequenz von Ein- und Ausatmen erleben können – ohne Zuspitzung, ohne Eruption, wie brechende und sich zugleich wieder auftürmende Wellen.

Immer mehr Frauen, und zwar ausgerechnet solche, denen man das erotische Vollblut gewiß nicht nur an der Nasenspitze ansieht, bringen heute vor, „nicht richtig ‚kommen' zu können". Frigid wären sie nicht, sagen sie bezeichnenderweise, vielmehr sei es so, daß sie oft nahe dran wären, hochschwingen würden, aber das ‚Explodieren' ginge nicht so recht.

Indessen, die Frau bekommt Orgasmen in Wellen, in vielen; sie verausgabt sich dabei auch gar nicht; deswegen ‚kann' sie auch immer wieder und viel länger. Aber nicht, weil sie potenter ist als der Mann, sondern weil sie einfach anders ‚kommt'. Und dafür gibt es viele physiologische (sprich: natürliche) Gründe.

Im Wissen um die Eigenart weiblicher Orgasmusfähigkeit und die spezifischen erotischen Energien der Frau können die Partner ihre Liebesfähigkeiten in ungezwungener Weise optimieren.

Und der Mann, der von diesen Dingen mehr weiß, erreicht

wieder Spontaneität und gesunde Unbekümmertheit, was für die Entwicklung seiner ungestörten Liebes- und Erlebnisfähigkeit nun einmal unerläßlich ist, und zwar durch Informationen, die sich aus den normalen Gegebenheiten und Voraussetzungen ableiten lassen. Ohne großen Aufwand, vor allem ohne in des Menschen Innerstem zu wühlen, weise ich auf eine Selbsthilfe-Methode zur Überwindung jener geheimen Ängste hin, die heute durch Fehlinformationen erst so recht gezüchtet wurden. Männliche Ängste, im Gefolge unserer sogenannten Aufklärung von geradezu epidemischen Ausmaßen, verlieren ihren neurotisierenden Charakter, wenn man folgende Tatsachen dagegenhält: Schwankungen der Gliedsteife und Penisgröße (phallischer Gestaltwandel), mithin Erektionsveränderungen verschiedener Art, sind vor und während des erotischen Zusammenseins durchaus normal. Zudem sind weder volle Erektion zum Koitusbeginn noch Stabilität der Erektion während der Vereinigung unerläßlich, und überdies kann es sein, daß sich dies alles so recht erst während des Liebesspiels entwickelt. Ferner bekommt der Mann einen anderen Begriff von seiner Liebesfähigkeit, einen relativierten, wenn er weiß, daß es auch an unzureichenden erotischen Reizen der Partnerin liegen kann; daß es folglich durchaus nicht mangelnde Erektionskraft sein muß, sondern beispielsweise Schoß-Flaute, wenn der Penis den Kopf hängen läßt. Aber eine weibliche Stärke liegt ganz einfach darin, daß man, dank des weiblichen Körperbaus, die Schwächen nicht sieht . . . Der Mann ist also wegen der anatomischen Versecklage der Vagina insofern im Nachteil, als das Wichtigste während des weiblichen Reaktionszyklus im Leibesinneren vor sich geht, und es ist aufs Ganze gesehen schlecht zu beurteilen, in welcher Erotisierungsphase sich das weibliche Liebesorgan hinter der Scheidenpforte befindet.

Insgesamt meine ich aber, daß die Ars amandi, die Kunst zu lieben, nicht Liebeswissenschaft sein kann, sondern daß es für dies alles bestenfalls Denkimpulse geben kann. Weshalb ich der Allgemeinheit, die das Erteilen von Lektionen bis oben hin satt hat, nichts weiter als Anregungen geben will, die möglicherweise eigene Erfahrungen bereichern können.

Und noch eins: Zu weitläufig, womöglich verwässert, wird's, wenn man gewisse Fachausdrücke vermeidet, und da ich das Wechselspiel der Liebesorgane in einer Genauigkeit beschreibe, wie es erstmals versucht wird, müssen anatomische Details gebracht werden. Da mithin eine angemessene Fachsprache unumgänglich ist, bringe ich im Anhang ein Stichwortverzeichnis mit Erklärungen, das auf die speziellen Belange dieses Buches zugeschnitten ist und auch einige sprachliche Neubildungen enthält. Der Leser mag es vorweg, nach Belieben, überfliegen, und überdies wird vieles meist schon im Text an entsprechender Stelle erklärt oder in verständliche Zusammenhänge gebracht.

Es war der Wunsch des Verfassers, mit diesem Buch allen Menschen, die sich Gedanken über ihr Gefühls- und Liebesleben machen, ihre ganz natürliche Auffassung von der Liebe, den erotischen Gefühlen und Erlebnisfähigkeiten zu bestätigen. „Keine Angst vor der Liebe" ist ein leidenschaftliches Plädoyer.

Statt Aufklärung – Erosverdunklung

Die Begründer der sexuellen Revolution nahmen sich die freie Entfaltung der Persönlichkeit unter Einschluß der erotischen Sinnesfreude zum Ziel.

Die weibliche Erotik war aber das Hauptanliegen. Man muß sich nur einmal vorstellen, daß Werner Kemper, Verfasser brillanter Schriften, noch in den vierziger Jahren gegen Meinungen ankämpfen mußte, die uns heute geradezu grotesk anmuten und die in der Behauptung gipfeln, das weibliche Geschlecht besäße überhaupt keine Orgasmusfähigkeit. Noch früher, in den Gründerjahren sozusagen, mußte man, um wenigstens indirekt die weibliche Erlebnisfähigkeit veranschaulichen zu können, einen Kunstgriff anwenden: Hysterische Affektausbrüche wurden in aller Ausführlichkeit als Folge von Sexualverdrängung und Triebunterdrückung dargestellt. Sehr beliebt war damals die Demonstration jener Arc-en-cercle-Pose, die in auffälliger Weise den ekstatischen Lustäußerungen hocherotisierter Frauen ähnelt: zurückgeworfener Kopf bei vorgewölbter Brust, Schleuderbewegungen der Arme, bogenförmige Vorwölbung des Unterleibes.

Die ersten Psychoanalytiker wurden durch die Erkenntnis motiviert, daß Triebverdrängung zu Perversionen („Geschlechtsanomalien“, wie man damals sagte), Neurosen, Ersatzhandlungen und kriminellen Triebverirrungen führt. Gerade deswegen verstand man damals als Liberalisierung keineswegs die Gleichbewertung aller möglichen sexuellen Handlungen, wie es heute geschieht, sondern die freie Entwicklung der Liebeswirklichkeit zwischen Frau und Mann.

Viel Mut und besondere Gewandtheit benötigten die Verfechter erotischer Liberalisierungstendenzen damals; sie befanden sich tatsächlich in einem publizistischen Notstand, und nur unter medizinischen oder gerichtlichen Gesichtspunkten konnte dieses Thema überhaupt salonfähig gemacht werden. Ursprünglich war die einschlägige Publizistik ohnehin mehr oder weniger nur Eingeweihten zugänglich, also weitgehend esoterisch, und hatte allenfalls dann eine Überlebenschance, wenn die Autoren das Ganze unter dem Gesichtspunkt eines pervertierten bzw. kranken und damit behandlungsbedürftigen Geschehens darstellten.

Heute, da Mögliches und Unmögliches ungehindert unters Volk gebracht werden darf, wird vergessen oder nicht verstanden, daß die eigentlichen Beweggründe der Protagonisten, die ja meist verklausuliert vorgetragen werden mußten, nur schwer aus dem Inhalt ihrer Veröffentlichungen herauszulesen waren. Ihr wirklich einziges Bestreben war aber nichts anderes, als den Eros – in Abwandlung eines Aphorismus Friedrich Nietzsches – von dem Gift (der Zwänge) zu befreien, das ihn zwar nicht tötete, aber zum Laster entarten ließ.

Die sich da Experten nennen

Die damaligen Erschwernisse erwähne ich, weil wir das Kuriosum beobachten, daß heute, da diese Zwänge längst nicht mehr bestehen, aus der einstigen Zwangslage geradezu ein Publikationsprinzip gemacht wird. Man hat offenbar schnell herausgefunden, daß Krankes und sexuelle Randerscheinungen einen viel größeren Marktwert besitzen und obendrein viel leichter zu beschreiben sind als gesunde und normale Liebe.

Es ist, wie Erdmuthe Idris in einem Artikel der Zeitschrift

„Selecta“ so treffend formulierte: „Das Seltsame daran ist, daß jeder zu wissen glaubt, was als abnorm, als ‚Störung‘ anzusehen ist, wogegen man über den Normal- bzw. Idealzustand selten etwas zu lesen bekommt. Die Definition *e negativo* ist wieder einmal einfacher.“ (10) Wir haben also den eigenartigen Zustand, daß Versagen und Funktionsstörungen bis ins letzte Detail ausgewalzt wurden, während eine brauchbare Strukturanalyse des Normalen fehlt.

Seltsam ist weiterhin, daß diejenigen, die uns jahrelang mit den faulen Früchten des Eros gefüttert haben, sich nun als selbsternannte Expertinnen und Experten in Sachen Sex etablieren wollen. Die Annahme aber, daß die Negativ-Spezialisten auch Fachleute für unser Liebesleben seien, ist ein Irrtum. Und die sogenannte Sexwelle versandete erbärmlich im Schein- und Surrogat-Sex, das Glücksspiel Liebe wurde zum miesen Roulett – nicht zuletzt, weil manche immer noch meinen, wenn es um Sex gehe, müsse man, um als Experte zu gelten, stets nur mit der Fäkal- bzw. Vulgärsprache umgehen, dem nun gewiß längst altmodischen Latrinenjargon, der im Grunde nichts weiter als Zeichen eigener Verklemmtheit ist und der nur Versextes, Verhunztes meinen kann.

Die Zahl der wundgescheuerten Neurotiker wurde – den fleißigen (Un-)Lustverkäufern zum Trotz – Legion; Sexinvalidität und erotisches Analphabetentum grassieren heute erst recht. Warum wohl? Aufklärung über die ‚Aufklärung‘ ist vonnöten! Was ist denn die Folge endloser Beschreibungen von Störungen aller Art? Sie wirken sich, wenn nicht auf das Normale Bezug genommen wird, mehr negativ als positiv aus.

Denn durch die Identifikation mit vorgebeteten Krankheitsmodellen werden Störungen, die in vielen Fällen nur situationsbedingte und zeitweilige sind, erst so recht fixiert, und die Darstellung von Fehlformen und anomalen Verhaltensweisen dirigiert Labile womöglich in die falsche Richtung, löst gegebenenfalls tatsächlich einen Erkrankungsschub aus.

Die Ergebnisse dieser Scheinaufklärung sind unbefriedigend oder vielmehr fatal: Das Ganze wurde von sextötend humorlosen Theoretikern, die man daran erinnern sollte, daß Lust und Lustigsein nicht nur im Herkunftswörterbuch zusammengehören, mit Nichtproblemen verproblematisiert, und allgemeines Mißbehagen griff um sich. Gelacht durfte schon lange nicht mehr werden, und statt Freude und Lust an der Lust schlichen sich Sex-Defätismus, Verdrossenheit und Ängste in die Schlafzimmer. Die Verheißungen der sogenannten Reformer wurden durch ihre eigene Behauptung, daß die Zahl der Potenz- und Orgasmusgestörten überdimensionale Ausmaße angenommen hätte, widerlegt. Zu dem Eingeständnis, daß falsche Methoden Schuld an dieser Entwicklung haben, sollten sich manche von Tempelhöhe herab dozierende Neotyrannen unseres Liebeslebens entschließen. In diesem Buch nehme ich die Allgemeinheit, die Mißbrauch und Verfälschung bis obenhin satt hat, gegen Scheinaufklärer in Schutz, deren Arroganz in keinem Verhältnis zu ihrem Wissen steht. Und ich teile die Meinung, daß manche Neosexologen, Scheinexperten und Dunkelmänner der Aufklärung mehr Irrtümer in die Welt gesetzt und Sexverderbendes erzeugt als beseitigt haben.

Die Aufklärung, die sich immer mehr von den ursprünglichen Zielen entfernt hat, wurde schließlich durch deren komplette Pervertierung zur Farce, zur Desinformation, zum Tummelplatz psychelnder Quacksalber. Ich sehe in der Gepflogenheit, die Kehrseite der Erotik als Informationsbasis zu verwenden, den Hauptgrund für das Desaster.

Heute, da die Frage nach dem Liebesleben des Menschen institutionalisiert wurde, ist von den Dingen, von denen die Revolutionäre einst träumten, nämlich der gesunden und freien Liebe, nicht mehr viel die Rede. Nur das Indoktrinieren machte Fortschritte – das Wort Liebe aber wurde mehr oder weniger unauffindbar. Seltsam oder typisch, daß manche Psychologen, deren Erkenntnisgegenstand doch offenbar die Psyche ist, was zu deutsch nichts anderes als Seele heißt, nichts mehr scheuen, als das Wort Seele in den Mund zu nehmen, ebenso wie manche Sexologen verkrampft das Wort Liebe meiden.

Das Kürzel ‚Sex', das bald mehr dessen äffische Mißgeburt bezeichnet, wurde beinahe schon zum Inbegriff für Minus- bzw. Negativ-Erscheinungen. Vieles, dem jenes Kürzel angehängt wird, hat nicht das Geringste mehr damit zu tun, müßte gegenteilig etikettiert werden, und deswegen hielt ich es für angebracht, einen Gegensatzbegriff zu schaffen für die Freude an der natürlichen Liebe: Eusexualität.

Die unterschiedliche Art, wie Frauen und Männer die Liebe erleben

Eusexualität ist harmonisch-erotische Erlebnisfähigkeit, Wohlbefinden und Zufriedenheit in der dualen Liebeswirklichkeit. Dieser Begriff umfaßt alle erotischen Verhaltensformen, die Merkmale normaler bzw. idealer Liebesfähigkeit schlechthin erkennen lassen. Keineswegs sollen aber damit irgendwelche Normen gemeint sein, weil hier auch das jeweils individuell unterschiedliche Zufriedensein mit den eigenen erotischen Wünschen eingeschlossen ist. Ich analysiere in erster Linie alle Voraussetzungen, die zu einer harmonischen Zweierbeziehung führen können, und alle Folgerungen, die sich aus der Struktur der Eusexualität ergeben.

Am allerwenigsten ist es mir dabei um die Sprachschöpfung als solche zu tun. Mag sie entfallen, wenn der kritisierte Begriff wieder von seinen ihm übergestülpten negativen Sinngehalten befreit ist, die ihn zur bloßen Worthülse werden ließen.

Heutzutage können sich die Menschen aus nie versiegenden Quellen aller Art abends – statt fröhlichem Tun – gegenseitig (nach negativem Aha-Erlebnis: „Siehst du, genau das machst du bei mir auch falsch!") ihre Verfehlungen vorlesen und, wenn sie die illustrierten Beispiele erotischer Unlust ernst nehmen, auch gegenseitig vorhalten. Es ist also hoch an der Zeit, sich zu überlegen: Wie ist es denn bei Menschen, die mehr oder weniger harmonieren, zuzeiten Liebesglück ausstrahlen?

Bis zu einem gewissen Grad kann jeder die Struktur der optimalen Liebesfähigkeit selbst analysieren, indem er sich überlegt: Wie war es denn, als meine Empfindungen besonders gut mit denen des anderen harmonierten? Ja, schon das einfach kritische, aber ideologiefreie Nachdenken über das Wesen der normalen Erotik und deren ideale Verhaltensformen kann die eigene Erlebnisfähigkeit positiv beeinflussen.

Ich analysiere nicht mehr Orgasmusstörungen der Frau und Impotenz des Mannes, sondern mache mir Gedanken über die Struktur des optimalen weiblichen Orgasmus-Erlebens und die Struktur der optimalen männlichen Liebesfähigkeit.

Erotische Verhaltensweisen werden nicht in demselben Maße wie allgemeines Verhalten von psychischen Prozessen in der Frühkindheit beeinflußt. Diese Erkenntnis mag überraschen, ideologisch Vorbelastete sogar in Harnisch bringen. Sie beruht aber auf einer unleugbaren Tatsache: Die unerläßliche Voraussetzung für erotische Erlebnisfähigkeiten und Verhaltensweisen sind nun einmal körperlich-seelische Reifungsprozesse, die der Lebensphase entsprechen.

Die Liebesfähigkeit in der mann-weiblichen Beziehung ist – wenn man so will – ein ‚Lernprozeß' eigener Art. Ideales heterosexuelles Verhalten und entsprechende partnererfüllende Liebesfähigkeit ‚erlernt' der Mensch erst nach Abschluß seiner körperlich-geistigen Reifungsprozesse, weshalb kindliche Sexualbetätigungen, z. B. das Masturbieren, nicht als Vorschule der Zweierbeziehung angesehen werden können.

Erotische Reagibilität in dem Sinne, daß man auf die subtilen erotischen Empfindungen und Ausstrahlungen des Partners einzugehen lernt, ist eine Fähigkeit, die der Mensch erst dann zu lernen beginnt, wenn er das erste Mal die Vereinigung erlebt, wenn er die Anregung seiner eigenen Reagibilität durch das andersgeschlechtliche Liebesorgan wahrnimmt: die direkten Wechselwirkungen der Liebesorgane. Die zwischen Schoß und Phallus sich gegenseitig abspielenden Mini-Reize, die ich später noch ausführlich beschreiben werde, sind eben nicht wäg- und meßbare Einflußgrößen („Variable" im ursprünglichen Sinne des Wortes). Die direkten Reizungen, die von den Liebesorganen der Partner ausgehen, variieren die Reaktionen in unberechenbarer Weise, weshalb sie experimentell nicht nachweisbar, geschweige denn etwa im Sex-Labor nachvollziehbar sind.

Nach der Vereinigung setzen nicht nur die phallischen, sondern auch die intensiven, höchst subtilen inneren Aktivitäten des weiblichen Liebesorgans ein. Diese Scheidenaktivitäten, wovon später noch die Rede sein wird, kennzeichnen das Anlaufen der Erotisierung. Noch ohne orgastische Reaktionen entwickeln sich bei der erotisierten Frau innere Schoßaktivitäten (Vibrationen, Pulsationen u. a.), deren Vorhandensein die Frau selber meist gar nicht bemerkt und deren direkte Reizwirkungen auch dem Mann nicht so recht bewußt werden.

Warum bei der Frau Orgasmusprobleme und beim Mann Potenzschwankungen normal sind

Der Schwerpunkt der sogenannten Funktionsstörungen liegt bei Mann und Frau an verschiedener Stelle: Beim Mann betrifft es die Potenz schlechthin, bei der Frau die Orgasmus- bzw. Lustlösungsfähigkeit. Dem entsprechen die zwei publizistischen Generalthemen von anscheinend unerschöpflicher Daueraktualität: einerseits die Impotenz des Mannes, andererseits die Orgasmusstörungen der Frau.

Typisch, daß man beispielsweise „Impotenz" einfach mit „Männerschwäche" übersetzt, während „Frauenschwäche" bezeichnenderweise in diesem Zusammenhang kein gebräuchlicher Begriff ist. Dies läßt sich aber aus der weiblichen Struktur leicht erklären, nämlich aus der Tatsache, daß es für die Frau kein Problem ist, physisch ‚bereit' zu sein. Ihr Organ braucht sich nicht aufzurichten ... Andererseits ist in diesem Zusammenhang ebenso kennzeichnend, daß der verschwommene Begriff „Frigidität" wie selbstverständlich nur mit Problemen der Frau (vor allem mit Orgasmuslosigkeit) assoziiert wird.

Tatsache ist also, daß eine – so Prof. Paul Matussek – „unterschiedliche Störbarkeit der einzelnen Funktionen bei Mann und Frau" (19) den Ablauf des Geschehens bestimmt. Hieraus folgt: Das am leichtesten störbare Element des einen Partners ist dort, wo sich beim anderen das relativ unkompliziert angelegte befindet. Und es ist leicht einzusehen, daß die jeweiligen Funktionen um so störanfälliger sind, ja sein müssen, je komplizierter und differenzierter sie angelegt sind.

Mit anderen Worten: Das kritische Moment der sexuellen Reagibilität des Mannes ist das *Können,* dasjenige der Frau das *Auslösen-Können.* Auf der anderen Seite fällt dem Mann das *Auslösen-Können* nicht schwer, er erreicht normalerweise den Orgasmus leicht – oft viel zu leicht ... Und für die Frau ist das *Können* (im Sinne der physischen Beiwohnungsfähigkeit) relativ leicht.

Ein grundlegend anderer Gesichtspunkt kommt hier zum Tragen: der Aspekt des Gesunden, des Normalen. Denn die unterschiedlich ‚verwundbaren' Phasen im Reaktionszyklus beider Geschlechter erklären sich zuerst einmal aus den Unterschieden in der Anlage der Normalfunktion.

Da die instabilen Elemente, die kompliziert strukturierten also, bei Mann und Frau verschieden verteilt sind, erklärt sich schon aus der Natur (sprich: Struktur) der Sache, daß die Potenz des Mannes und der Orgasmus der Frau für labile Reagibilität geradezu prädestiniert sind. Denn kompliziert-labil Strukturiertes kann gar nicht wie ein stabiler Mechanismus reagieren („funktionieren", „klappen" oder wie derlei dümmlich-unpassende Ausdrücke, die nichtsdestoweniger gerade in diesem Zusammenhang immer mehr benutzt werden, noch heißen mögen). Allein die Betrachtung der Physiologie zeigt mit nicht zu überbietender Deutlichkeit, daß es durchaus normal sein kann, wenn die Partner (vermeintlich) dysfunktionell reagieren, das heißt, wenn der Herr nur mit schwankender oder mangelhafter Erektion aufwartet und die Dame flau und orgasmusscheu reagiert, obwohl – und dies ist das entscheidende Kriterium gegenüber krankhaften Fällen – alle Voraussetzungen als optimale gemeldet werden.

Die Darlegung dieser Fakten bezieht sich auf Erfahrungen aus meiner ärztlichen Praxis, auf sehr gute Erfahrungen bei der Beseitigung von Ängsten, vor allem von oktroyierten. Sicher kann der Leser die Wirksamkeit dieser Methode schon an dieser Stelle beurteilen, und deren praktische Bedeutung soll noch durch folgende Gegenüberstellungen verdeutlicht werden.

Warum die Frau relativ leicht ‚kann' – Die Stärke der weiblichen Sexualität liegt darin, daß man ihre Schwächen nicht sieht

Das ‚Können', das physische Potentsein, ist für die Frau relativ problemlos, da die weiblichen Anfangs- und Bereitschaftsreaktionen (besonders die äußeren) keine entscheidenden Größen- bzw. Formveränderungen bedingen – im Gegensatz zu dem deutlichen Gestaltwandel (Vergrößern, Versteifen, Aufrichten), den das männliche Liebesorgan, der Phallus, bei der Erregung, der Erotisierung, erkennen läßt. Und es sind hauptsächlich unwillkürliche, reflektorische, also mit dem Willen kaum beeinflußbare Faktoren, die während der männlichen Erregung das Zustandekommen der Penisvergrößerung bewirken. Das heißt schlicht, daß der Mann, beim besten Willen, ja wörtlich trotz heftigen Wollens nicht einfach ‚wollen' kann, daß der Penis größer und steif wird – ein Dilemma, das die Frau gar nicht kennt, weil sich ihre Scheide bekanntlich weder aufrichten muß noch steif werden kann. Das ist bereits ein für die Praxis des Liebeslebens recht bedeutsamer Unterschied.

Bei der Frau bedingen die entsprechenden unwillkürlichen Vorgänge keinen deutlichen Gestaltwandel, das heißt, die Vagina benötigt dafür, daß die geschlechtliche Vereinigung gelingen soll, keine wesentlichen Formveränderungen – sie kann ohne weiteres ‚bereit' sein. Oder spaßiger gesagt: Die Frau braucht sich ja nur hinzulegen, da sie im Besitz einer – wie Erika Jong meint – „Allwettermöse" (11) ist.

Die Vagina im Erregungszustand fördert den Kontakt, der während des Liebesspiels zwischen Penis und Vagina (phallo-vaginal oder peno-vaginal) möglichst innig sein soll. Auch die phallo-vaginalen Mini-Reize potenzieren sich dadurch. Aber alles ist keine unerläßliche physische Voraussetzung für die Beischlaffähigkeit der Frau. Es geht, körperlich gesehen, ganz gut ohne dies. Deswegen kennt die Frau auch viel weniger Sexualängste, vor allem kaum die ‚Examensangst', die für potenzverunsicherte Männer so typisch ist.

Dies um so weniger, als sich weiblicherseits das Wichtigste schön im Verborgenen abspielt, denn der weibliche Reaktionszyklus findet, außer dem Feuchtwerden und Anschwellen der Scheidenpforte, im Leibesinneren statt, also in anatomischer Verstecklage. Ein zweiter Grund, weshalb die weibliche Art, erotisch zu antworten, viel schwerer zu erkennen und zu beurteilen ist als die männliche.

Immer wieder erlebe ich, wie erleichtert Männer sind, wenn sie den schwarzen Peter loswerden, indem ich ihnen ganz einfach diese Tatsachen in ihrer Bedeutung für die Praxis klarmache: ohne geschwollenes Gerede, psychologisierende Tiefgründelei und falsche Schuldzuweisungen. Die Natur, muß man schlicht sagen, hat dies alles nun einmal so angelegt.

Überdies kann die Frau aufgrund ihrer Natur viel mehr als

der Mann einiges simulieren, andererseits auch dissimulieren, und ich pflege verunsicherten Männern zu sagen: „Bei der Frau sieht man ja nicht, was los ist. Während beim Mann der Stand der Dinge förmlich wie an einem Barometer recht offensichtlich abzulesen ist, kann die Frau mit ihrer Vagina Versteck spielen." Wenn der Mann nun weiß, daß die Frau, was die Formverhältnisse ihres Organs anlangt, im ‚Vorteil' ist, wird er erst recht durch die Information psychisch stabilisiert, daß auch die weiblichen Höhen- und Lustlösungsreaktionen im allgemeinen undurchsichtiger sind als die entsprechenden männlichen.

Und endlich ist es in diesem Zusammenhang erwähnenswert, worüber später noch mehr zu sagen ist, daß Schoß-Vibrationen und das ‚Anschwingen' der vorwiegend unwillkürlichen Bewegungsvorgänge im weiblichen Leibesinneren, die vom äußeren Scheidendrittel über den Scheidengrund bis zur Gebärmutter reichen können, die eigentlichen Pendants zur Gliedvergrößerung sind, nicht nur, wie oft zu lesen ist, das Feucht- und Naßwerden.

Das Erreichen des Orgasmus fällt dem Mann nicht schwer

Bei Frauen kann oft der Übergang von der vororgastischen Phase, der sogenannten Plateauphase, in die Orgasmusphase blockiert sein, beim Mann dagegen nicht, im Gegenteil, er muß aus Gründen der Partnerrücksichtnahme eine solche Verzögerung erst lernen! Der schnelle Orgasmuseintritt ist also beim Mann – abhängig von der jeweiligen Karenzdauer und zunächst nur grundsätzlich gesehen – etwas Normales.

Auch hier werden Geschlechtsunterschiede ersichtlich: Was beim Mann höchst erwünscht ist, nämlich die erlernte Fähigkeit, das Samengefühl zu unterdrücken, die Reaktionsphase vor dem Eintritt des eigenen Orgasmus hinauszuzögern, wäre bei der Frau geradezu unerwünscht, weil es dann zu der oben erwähnten vororgastischen Blockierung käme. Andererseits ist schnelles Erreichen des weiblichen Orgasmus ein Zeichen erotischer Fähigkeit; beim Mann dagegen ist derselbe Vorgang (der sogenannte „vorzeitige“ Samenerguß, die *Ejaculatio praecox*) von beiden Partnern meist eher unerwünscht.

Sachlich ist es übrigens nicht ganz richtig, wenn in diesem Zusammenhang von Orgasmusverzögerung gesprochen wird. Den einmal angelaufenen Orgasmus, den Erguß, die Ejakulation, kann man nicht mehr aufhalten, beim besten Willen nicht; hinauszuzögern lernen kann man nur die vororgastische Phase. Aber ein viel größerer sprachlicher Unsinn ist es, prinzipiell das schnelle Erreichen des Orgasmus kurzerhand als Orgasmus- oder Ejakulationsstörung zu bezeichnen, obwohl doch die Ejakulation bei dem beschriebenen Vorgang an sich richtig verläuft. Außerdem kann es sich bei der *Ejaculatio praecox* um einen nur lebensphasisch oder situativ bedingten Libidostau handeln, der dann keine Potenzstörung ist.

Natürlich muß bei einer kultivierten Partnerschaft auf die diesbezüglichen weiblichen Belange Rücksicht genommen werden; dennoch kann man davon ausgehen, daß es sich hier, prinzipiell gesehen, um eine Potenz handelt, nämlich die Fähigkeit des Mannes, zum Orgasmus zu kommen.

Das notwendige Fehlen eines Modells – Die normalen Unwägbarkeiten

Diese vielleicht etwas theoretisch anmutenden Gegenüberstellungen besitzen, wie wir gleich sehen werden, eine eminent praktische Bedeutung und führen zu der Frage: Wie viele Verhaltensweisen, die unter den anfechtbaren Diagnosen „Orgasmusstörung der Frau“ bzw. „Potenzstörungen des Mannes“ laufen, sind in Wirklichkeit nur kompliziert-differenziert ablaufende Reaktionen, die aber zum Normbereich gehören?

Vieles, was kurzerhand als „Störung“ deklariert wird, nur weil es von einem erdichteten Funktionsschema abweicht und andersartige Erscheinungsbilder aufweist, kann in sehr vielen Fällen zum nuancenreichen, aber absolut normalen Variationsspektrum der entsprechend differenziert ‚angelegten‘ Reagibilität (Fähigkeit, fein abgestimmt erotisch zu reagieren) gehören. Für die Praxis des Liebeslebens bedeutet dies, daß auch bei idealer Partnerschaft und ohne daß es sich auch nur im geringsten um ein Krankheitsgeschehen handelt, Probleme und Unwägbarkeiten geradezu einprogrammiert sein können. Da also Komplikationen und sogenannte Versagenssituationen normaler Bestandteil weiblicher Orgasmusfähigkeit bzw. männlicher Potenz sind, sollte man sich hüten, ja es ist direkt Unfug, hier vorschnell von Sexual- oder gar Verhaltensstörungen zu reden.

Die geschlechtstypisch unterschiedlichen Unwägbarkeiten, die der normalen und auch der idealen erotischen Erlebnisfähigkeit anhaften, sind der Grund, weshalb die Menschen besonders in den leicht störbaren (‚verwundbaren‘) Phasen höchst variabel und eben nicht prompt und störungsfrei reagieren.

Wäre es anders, dann wäre alles tatsächlich nur ‚Funktion‘, wie oft dargestellt, oder ein öder Mechanismus, der sofort in die Sex-Klinik gehört, wenn nicht gleich alle Kontrollampen aufleuchten.

Es hat viel mehr Sinn, das Partnerverhältnis durch das mit einem gewissen Einfühlungsvermögen verbundene Wissen um das Sensible des anderen zu fördern.

Gegen Ängste

Man kann die Information über die eben dargelegten Fakten zum Bestandteil einer leicht praktikablen Selbsthilfemethode machen; die Basis dafür ist die eusexuelle Erlebnisfähigkeit. Unter diesem Aspekt ist meine Methode, die sich auf langjährige Praxiserfahrungen stützt, deswegen so wirksam, weil auf einleuchtende Weise, nämlich durch gezielte Information über die Unwägbarkeiten, die dem Normalen nun einmal anhaften, dem Ratsuchenden sofort Erleichterung gebracht und Selbstvertrauen zurückgegeben wird. Sie verkürzt die Therapiedauer, nicht zuletzt weil sie zuerst einmal darüber aufklärt, daß viele Sexualängste gänzlich unbegründet sind. Der Leser kann sicher schon jetzt dieses positive ‚Aha-Erlebnis' nachvollziehen.

Mit der Feststellung, daß sie sich mit ihren vermeintlichen Störungen durchaus im Normalbereich befinden, erleichtert und beruhigt man Ratsuchende sogleich spürbar. Durch die einfache Erklärung, daß ihr Fall ebensogut ein Normalfall sein kann und hier wenig Diagnostizierbares oder Therapiebedürftiges vorliegt, befreit man die Klienten von der Identifikation mit Fallbeispielen, die als negatives Anschauungsmaterial immer wieder unters Volk gebracht werden.

Während dieser Beratung, die normaltypische Elemente in den Mittelpunkt stellt, erkläre ich zuerst, daß es sich hierbei vorwiegend um recht differenzierte Phänomene handelt, deren hervorstechendes Merkmal ja gerade das eben Nicht-prompt-Klappende ist – und dies im Normalfall. Wie töricht, wenn heutzutage immer wieder unter der vereinfachenden Überschrift „Wenn es im Bett nicht klappt" erotische Probleme abgehandelt werden.

Nach Abtrennung absolut krankhafter Fälle, die viel seltener sind, als man oft tönt, ziehe ich zunächst einmal grundsätzlich in Zweifel, daß es sich bei den vorgetragenen Beschwerden um Störungen oder Krankheiten handelt. Ich sondiere, was zum Spielraum des Normalen gehört, und pflege dann zu sagen: „Mir geht es nicht anders, nämlich, daß es – trotz bester Voraussetzungen und optimaler Konstellation – des öfteren eben nicht klappt." Gelingt es so dem Arzt, sich durch eigenes ‚Mitschwingen', durch Empathie, wie es fachlich heißt, mit den (vermeintlichen) Störungen der (vermeintlichen) Patienten zu identifizieren, hat dies eine doppelt positive Wirkung, deren Effekt man erst einmal abwarten soll, bevor man bei den Ratsuchenden durch tiefschürfende Analysen – zumindest indirekt – den Eindruck erweckt, als handle es sich bei ihnen tatsächlich um ein krankhaftes Geschehen.

Ich bringe also anfänglich das als ‚Störung' Vorgebrachte prinzipiell mit den zur Norm gehörenden Unwägbarkeiten der jeweiligen Erlebnisfähigkeiten in Zusammenhang und betone, daß es normal sei, wenn ein Mann trotz optimaler Bedingungen scheinbar dysfunktionell (quasi impotent) reagiert – auch, wenn dies sich einige Male wiederholen sollte. Das gleiche gilt selbst für die liebes- und orgasmusfreudigste Frau, die trotz bester Partnerschaft, also ohne psychologische oder sonstige Gründe, ein um das andere Mal lust- und orgasmuslos reagiert.

Solche Informationen, die meist Überraschung auslösen, befreien die in den Teufelskreis der Angst Geratenen schon zur Hälfte von ihren Sorgen. Vor allem stellt sich heraus, daß sich diejenigen Fälle, die einer langwierigen Therapie bedürfen, weit in der Minderheit befinden. Und außerdem braucht man mit der strukturanalytischen Methode nicht ständig am Verhalten der ‚Patienten' herumzunörgeln und in deren personaler Steinzeit zu wühlen.

Wollen wir weiter nach Kriterien suchen, die zum Normbereich gehören, müssen wir die Untersuchung der erotischen Fähigkeiten mit all ihren Unwägbarkeiten, die bei beiden Geschlechtern vorhanden sind, noch mehr differenzieren.

Dabei sei zuerst einiges, was Verängstigte besonders bewegt, vorweggenommen und ferner bemerkt, daß sich das hier Angeschnittene vornehmlich zur Behandlung männlicher Ängste eignet, weshalb ich bei der Besprechung der männlichen Liebesfähigkeit darauf ausführlich zurückkommen werde.

So ist zum Beispiel das eigentliche Kriterium männlicher Potenz – entgegen einer weitverbreiteten Meinung – weniger die im Vorspiel erreichte penetrationsfähige Erektion, sondern eine gewisse Vertrautheit mit den verschiedenen willkürlichen, mehr noch den unwillkürlichen Bewegungsvorgängen im Schoß und ferner die Fähigkeit, die inneren Pulsationen anzuregen, die bei beginnender weiblicher Erregung, der Erotisierung, vom Scheidengewölbe bzw. -grund ausgehen. Und es ist recht gut für den Mann, wenn er ein Gefühl dafür bekommt, daß seine Liebesfähigkeit durch diese Scheidenaktivitäten, durch den gewissermaßen inneren Sex-Appeal, in besonderer Weise angeregt, ja angestachelt wird.

Der Phallus, der den Scheidengrund streichelt, wird rückwirkend durch diese Schoßaktivitäten in besonderer Weise angeregt, so daß Blutfülle, Spannungszustand des Peniskörpers und besonders das Volumen der Eichel und des Phalluskranzes zunehmen. Voll entwickeln kann sich also das männliche Organ erst beim Phallusspiel in Schoßtiefe, und umgekehrt potenzieren sich die weiblichen Wollustreaktionen manchmal erst während dieses Liebesspiels.

Seit Masters/Johnson werden uns immer wieder isolierte Darstellungen männlicher bzw. weiblicher Reaktionszyklen aufgetischt. Sie riechen nach Sex-Labor, sind aber, gemessen an den tatsächlichen, den so subtilen Vorgängen beim Liebesakt, völlig belanglos. Vor allem, weil sie die oben skizzierten Wechselwirkungen nicht berücksichtigen, nicht berücksichtigen können. Weiß man aber davon, kann man verstehen, daß sich die richtigen erotischen Energien manchmal erst dann entwickeln, wenn der Penis die Scheidenpforte ohne großes Aufsehen und Aufstehen passiert hat. Oft kommt es nur auf diese an. Was ist demgegenüber beispielsweise nicht alles zu Papierbergen über die angeblich vor der Vereinigung zu erreichende penetrationsfähige Gliedstraffung zusammengeschrieben worden! Als ob der aufnahmewillige und feuchte Scheidenmund und -grund nicht auch einen erst halbsteifen Penis an- und aufnehmen könnte. Die falsche Vorstellung, nur ein voll erigierter Phallus sei vaginatauglich, geht von der Annahme einer generellen Vaginal-Passivität aus, was höchstens bei kompletter Frigidität und sozusagen aufnahmeunwilliger Vagina zutreffend wäre.

Diese Auffassung geht von der verstaubten, nichtsdestoweniger gerade jetzt wieder von Geschlechts-Nivellierungstendenzlern ständig verbreiteten Vorstellung aus, daß „Vaginalrohr" sei nur ein passives, innerlich bewegungsloses Aufnahmeorgan, womit amüsanterweise just von jenen, die stets gegen das passive Rollenklischee der Frau wettern, diese weibliche Aktivität par excellence übersehen wird.

Man muß vielmehr wissen, daß das weibliche Liebesorgan in höchst aktiver Weise an der Intensivierung der zwischen Scheide und Phallus sich abspielenden Mini-Reize teilnimmt, und zwar nicht allein durch Hüftrotationen, sondern durch innere Schoßaktivitäten. Und wenn man davon ein paar Erfahrungen sammeln konnte, geschieht auch, daß Spontaneität und Unbekümmertheit, die für die Erotik so notwendig sind, wiederkehren, denn gerade dieses Wissen um die direkten gegenseitigen organischen Beeinflussungsmöglichkeiten hilft jene verbreitete Angst zu überwinden, die darin besteht, daß man meint, man könne den Koitus nicht beginnen, weil man nicht recht ‚vorbereitet' sei.

Die Partner sollten sich nicht so sehr darauf versteifen, daß sich schon vorher Bereitschaftsreflexe ausbilden, sondern sich vielmehr auf diese unmittelbaren wechselseitigen Erotisierungsreflexe der Sexualorgane (liebevoller Liebesorgane genannt) verlassen. Die Wechselwirkungen dieser Organe schaukeln quasi die Erotisierung gegenseitig von selbst hoch, und hierauf sollten sich die Partner verlassen, statt verkünstelte Vorstimulierungsprozeduren vorzunehmen, die dann womöglich durch eine Überreizung, die schon vor dem Koitus auftritt, das Ganze verderben.

Wenn der Liebesakt in der beschriebenen Weise auf höhere Erotisierungsstufen eskaliert, gewinnt er einen mehr spielerisch-spontanen Charakter. Fehlt beispielsweise in der erotischen Begegnung zuerst einmal noch das gewisse Etwas (die Frau hat eher das Gefühl einer gewissen Schoß-Flaute und der Mann noch keine rechte Erektion), erhöht sich in ungezwungener Weise durch subtile vaginale bzw. phallische Anregung die gegenseitige Erotisierung gewissermaßen von selbst – allerdings frühere diesbezügliche positive Partnererfahrung vorausgesetzt. Und es entfällt weitgehend jene viel beschriebene ‚Examensangst', wenn die Partner erlebt haben, daß sich auch erst dann, wenn sie schon eine Weile zusammen sind, jene Wollust entwickeln kann, die man weithin als Vorbedingung für den Koitusbeginn ansieht.

Das weibliche Orgasmuserleben in der falschen Perspektive

Da die Orgasmuserlebnisfähigkeit der Frau viel weniger objektivierbar ist als diejenige des Mannes, fehlt immer noch die präzise Antwort auf die Frage: Worin besteht die spezifisch weibliche Orgasmusform? Einer Menge von Orgasmusliteratur zum Trotz blieb die Frage nach der besonderen weiblichen Fähigkeit, einen Orgasmus zu erleben, weitgehend unbeantwortet. Vor allem ergeben sich durch Parallelisieren des weiblichen mit dem männlichen Reaktionszyklus völlig falsche Perspektiven.

Man hat sich angewöhnt, den Fragen nach dem weiblichen Orgasmus dadurch auszuweichen, daß man alles, was damit zusammenhängt, kurzerhand am Orgasmusmodell des Mannes interpretiert. Diese Fehlmethode hat zur Folge, daß Frauen sich von ihrer eigenen orgastischen Erlebnisfähigkeit ein falsches Bild machen. Sie erwarten etwas Einmaliges und Explosives, wie es der männliche Höhepunkt darstellt, und meinen, daß bei der Frau – wie beim Mann – nach dem Orgasmus die sexuelle Reaktionsfähigkeit nachlassen müsse. Da sich gerade darin aber der weibliche Reaktionszyklus von dem männlichen unterscheidet, ist die Frau – im Gegensatz zum Mann – zu multipler Orgasmie fähig, d. h., sie kann im Idealfall einer mann-weiblichen Liebesbeziehung kurz hintereinander eine Serie von Orgasmen erleben.

Das verbreitete Unwissen über das spezifisch weibliche Orgasmuserleben führt dazu, daß Frauen ihre eigenen Orgasmusreaktionen gerade dann, wenn es Mehrfach-Orgasmen sind, nicht als orgastische ‚anerkennen', ja selbst nach einer Kette multipler Orgasmen immer noch auf „den Orgasmus" warten.

Ich habe die Beobachtung gemacht, daß man heute viel mehr Frauen von ihrer Orgasmusfähigkeit regelrecht überzeugen muß, als es orgasmusunfähige Frauen gibt; man muß sie direkt dazu überreden, ihre eigenen Reaktionen als orgastische zu identifizieren. Bezeichnend für unsere scheinaufgeklärte Zeit ist, daß sexuell gesunde und normal-orgastisch reagierende Frauen sich immer wieder einreden, orgasmuslos zu sein – oder gefragt werden, weshalb sie denn nicht ‚gekommen' seien.

Die Sagas vom weiblichen Orgasmus

Die Emanzipationsfalle

Absichtlich ist die gesellschaftliche Gleichberechtigung der Frau mit sexuellen Nivellierungstendenzen verknüpft worden, und zwar durch Jonglieren mit den Begriffen Gleichberechtigung, Gleichachtung und Befreiung einerseits und Gleichheit, Gleichschaltung und Gleichmacherei der Geschlechter andererseits. Dies ist das schlechthin Unsinnige an der sogenannten Emanzipationsbewegung, weil es sich letztlich gegen das eigentlich Weibliche richtet. Die soziologische Gleichberechtigung ist nur der Aufhänger, an dem Nivellierungstendenzler die Gleichheit der Geschlechter beweisen wollen – bezeichnenderweise einseitig auf Kosten des Weiblichen, genauer gesagt: des speziell weiblich Erotischen, indem man die Thematik auf einen gewissen Sexualnenner reduziert.

Wenn gegen diese Schein-Emanzipation Argumente vorgebracht wurden, liefen sie sehr oft deswegen ins Leere, weil man nicht nur auf den sozialen, sondern auf den viel effektiveren Trick hereinfiel: mittels der Sexualmasche der Frau das spezifisch Weibliche wegzunehmen.

Der sich angeblich anbahnende – in Wirklichkeit konstruierte – Konvergenzprozeß der Geschlechter zielt einseitig auf die Liquidierung der spezifisch weiblichen Verhaltensweisen und Erlebnisfähigkeiten, richtet sich gegen jenes das Männliche anziehende, typisch Weibliche. Würde man die gesellschaftliche Gleichberechtigung, ohne daß man sie auf den Sexualnenner reduziert, weiterführen, käme man in der Sache, um die es geht, schneller voran. Die Aussöhnung der Geschlechter scheint nicht das Anliegen zu sein, und Nivellierungstheoretiker behaupten, das Betonen der Geschlechtsdifferenzen sei gleichbedeutend mit dem Festhalten an erstarrten Geschlechtsrollen. Die soziologisch verbrämte sexuelle Gleichmacherei stellt sich selbst ins Abseits, und man betreibt mit der Diskussion um die verstaubten Rollenschemata vom schwach-passiv-weiblichen bzw. stark-aktiv-männlichen Geschlecht Mumienschändung. Was aber nicht hindert, daß sich ganze Generationen von Dampfplauderern nach wie vor von diesem Thema ernähren wollen. Ins Sexualantiquariat gehört ebenso die Behauptung, die Liquidierung der Geschlechtsunterschiede würde die Frau von ihrem angestammt unterlegenen Rollenschema entbinden. Es trifft vielmehr folgende Aussage zu: „Im übrigen wäre eine völlige Identität der Verhaltensschemata von Mann und Frau, wie sie heute von Gleichheitsfanatikern vom Schreibtisch her postuliert wird, gerade im erotischen Bereich ausgesprochen widersinnig" (Richard Huber). (7)

Man kann das Klischee von der angeblichen weiblichen Passivität durchaus beseitigen, wenn man nämlich die speziell weiblichen Sexualaktivitäten herausstellt. Wer assoziiert denn heute noch ‚weiblich' mit ‚passiv'? Weibliche Sexualaktivität (das Starke des ‚Schwachen Geschlechts') sieht eben nur anders aus als die männliche, weshalb diesbezügliche Diskussionen dahin gehören, wo sie die Gleichheitsdoktrinäre herausgeholt haben: ins Museum.

Unter den Gleichmacher-Teppich werden ausgerechnet die weiblichen Spitzenphänomene gekehrt, die sich von den entsprechenden männlichen erheblich unterscheiden; mehr noch, sie werden unter männliche Leitlinien gezwängt, kurzerhand unter das Orgasmus-Modell eines Mannes eingeordnet gemäß der Kurzformel: Weiblicher Orgasmus = männlicher Orgasmus ohne Samenerguß!

Damit entpuppt sich alles als das Gegenteil der Liberalisierung, als Schein-Emanzipation, denn es bedeutet: Abhängigkeit von männlichen Reaktionsmodellen, Mißverstehen der spezifisch weiblichen Erlebnisformen, Unterordnung der weiblichen Orgasmus-Phänomene unter das Reaktionsmuster des Mannes und Etikettenschwindel mit dem Begriff Weiblichkeit.

Erst wenn das spezifisch Weibliche, unabhängig von männlichen Denkmodellen, herausgestellt wird, kann die Frau in ihrer Erotik richtig verstanden werden.

Die fehlende physiologische ‚Markierung' der weiblichen Orgasmusreaktionen

Die weiblichen Orgasmusphänomene sind nicht nur von einer komplizierten Bauweise und Ausstattung sowie einer unendlichen Variationsbreite von Frau zu Frau und von Fall zu Fall, sondern es fehlt ihnen überdies eine mit dem männlichen Höhepunkt vergleichbare ‚Markierung'. Aus drei Gründen:

Erstens fehlt bei der Frau naturgemäß das Gegenstück zum Samenerguß, der das ganze Geschehen wohl am deutlichsten ‚markiert' (man ist nicht im unklaren, wann der Mann ‚kommt'). Es gibt zwar auch weibliche Sekretausschüttungen, so daß der Eindruck von ‚nassen Orgasmen' der Frau entstehen kann, aber diese seltenen Vorgänge sind vieldeutig, weshalb ich sie gesondert erörtern werde.

Zweitens: Im Gegensatz zu den Verhältnissen beim Mann, bei dem ein Nachlassen der Erregbarkeit nach dem Orgasmus normal ist, spielt bei der Frau die Dauer der Intervalle zwischen den einzelnen Orgasmen keine Rolle, da bei ihr ein solches Nachlassen (postorgastische Refraktärphase) nicht unbedingt eintreten muß.

Drittens ist der Gestaltwandel des weiblichen Organs nach

dem Orgasmus nicht charakteristisch. Jedenfalls sind bei der Frau die Veränderungen, die den Spannungszustand des Gewebes, die Blutfülle sowie den Schwellungszustand der Vagina betreffen, nicht mit den deutlichen Rückbildungserscheinungen (Erektionsabfall) zu vergleichen, wie sie beim Mann nach dem Orgasmus zu beobachten sind. Und außerdem spielen sich diese Reaktionen, wie gesagt, hauptsächlich in einer Körperregion ab, die sich der direkten Betrachtung weitgehend entzieht.

Wegen dieser schlechten ‚Markierung' und anatomischen Unübersichtlichkeit bringen die neuen Kartographen (-innen) so viele falsche Farbtupfer auf den weißen Fleck ‚Rätsel Weib' – im Prinzip nicht anders als früher, da man, zwar poesievoller, aber doch oft recht geschwollen, das ‚ewige Geheimnis des Weiblichen' besang.

Weibliche Orgasmie – was ist das eigentlich?

„Bist du ‚soweit'? Hast du den Orgasmus erreicht?" So fragt keine Frau. Für sie ist das keine Frage – für den Mann dagegen die große.

Es ist interessant, in der Art nach dem Wie, Was und Wann der weiblichen Orgasmusfähigkeit, der Orgasmie, umzufragen, etwa folgendermaßen: Woran ist zu erkennen, daß es bei der Partnerin ‚soweit' ist? Woraus schließen Sie bei ihr auf orgastische Reaktionen? Welche sicheren Anzeichen dafür kennen Sie? Hat Ihre Partnerin einen oder mehrere Orgasmen bis zur endgültigen Lustlösung?

Auch wenn es Leute sind, die ohne Hausanalytiker und Sex-Ambulatorien auskommen, die also mit ihrer Erotik zurechtkommen, werden ihre Antworten ausweichend, verschwommen, bruchstückhaft, schlecht objektivierbar sein; manchmal wird es statt einer Antwort nur ein Achselzucken geben. Am ehesten kann man noch hören, daß man es bei längerer Partnerschaft schon irgendwie wisse (oder aus Liebesseufzern deuten könne), aber näher darauf eingehen wolle man nicht, schon gar nicht den Zeitpunkt des Orgasmus präzise bestimmen.

Es kennzeichnet die Unsicherheit in Sachen weiblicher Orgasmus, daß gerade rücksichtsvolle Männer in durchaus anerkennenswert besorgter Manier nachfragen: „Bist du zur Auslösung gekommen? Bist du befriedigt?" – Heute fragt der Mann nicht mehr galant vorher: „Darf ich es wagen?", sondern bang nachher: „Hast du den Höhepunkt erreicht?" Dabei hat letztere Frage wenig Aussicht auf Beantwortung, weil die weiblichen Orgasmusreaktionen alles andere als ein singulärer Höhepunkt sind und eben nicht punktförmig verlaufen. Ich weiß, wie wenig hier terminologische Erörterungen nützen; dennoch sei die Bemerkung eingefügt, daß der Begriff „Orgasmus" (griech.: orgao = ich schwelle an) prinzipiell besser zu den weiblichen Orgasmusformen paßt als zum männlichen Höhepunkt.

Außerdem haben Frauen solche Fragen nicht gern. Liegt es vielleicht daran, daß die Frau, wenn sie orgastisch lustiger wird, selbst ‚nicht ganz da' ist? Es kann sein, daß die Frau bei Orgasmen, die kurz hintereinander erfolgen, in einer veränderten Bewußtseinslage ist, und zwar infolge gehäufter Synkopen (kurzdauernder Bewußtseinsverluste). Bei der Frau sind übrigens Synkopen, die mit dem Orgasmus zusammenhängen, häufiger als beim Mann.

Im übrigen verrät schon die Formulierung der Fragen nach einem Höhepunkt das männliche Visier, das den Blick für die weiblichen Höhenreaktionen verstellt. Wartet ein Mann gewissermaßen wie gebannt auf den Eintritt eines weiblichen Orgasmus in der Art, wie er sie aus seinem eigenen Höhepunktserlebnis kennt, wird er noch mehr im unklaren sein, ob seine Partnerin tatsächlich die Endlust erreicht hat oder nicht.

Im Gestrüpp falscher Vorstellungen kann es soweit kommen, daß der Frau überhaupt Orgasmusfähigkeiten abgesprochen werden, nur weil es bei ihr anders läuft. Der Gipfel der Irrtümer ist erreicht, wenn die Partnerin schlechterdings für frigid und orgasmusunfähig gehalten wird, nur weil sie sich nicht so spitz-eruptiv und singulär-orgastisch auslösen („entladen“) kann wie der Mann. Es ist mithin völlig unsinnig, von der Frau ein dem Mann paralleles Orgasmuserleben zu erwarten.

Doch es kommt hinzu: Die Frau erlebt nicht ‚den‘ Orgasmus, sondern jeweils den ihrigen, das heißt, jede an sich orgasmische Frau reagiert etwas anders, ja manchmal innerhalb einer aktiven Phase mit variabler Orgasmie. Einer Orgasmusform bei der Frau Modellcharakter zuzuweisen, wäre also unrichtig.

Viele Männer deuten Lustschreie, Wonnelaute und Liebesseufzer in Ermangelung verläßlicher körperlicher Symptome als weibliche Orgasmuszeichen. In der Tat sind diese psychischen Lustäußerungen der Frau, auf die noch näher eingegangen wird, viel ausgeprägter als diejenigen des Mannes. Aber diese Äußerungen sind erstens nicht orgasmusspezifisch, weil sie auch Begleitmusik von orgasmuslosen Reaktionen sein können: Manche Frauen geben von Anfang bis Ende jene charakteristischen, zwischen Jauchzen und Stöhnen liegenden Wonnelaute von sich. Zweitens sind diese Lustäußerungen von der individuell unterschiedlichen Fähigkeit abhängig, Gefühle überhaupt zeigen zu können. Es kann also dadurch nicht unbedingt auf die Intensität der erotischen Empfindungen geschlossen werden. Drittens können sie bis zu einem gewissen Grad imitiert werden – aber eben nur bis zu einem gewissen Grad, weil ein ganz bestimmter ‚Sound‘ unnachahmlich ist.

Die Spitze der Groteske ist aber, wenn sich Frauen selbst für frigid, anorgastisch oder am Ende noch für nymphoman halten, nur weil sie keinen abgrenzbaren Punkt erreichen können. Sie haben die oktroyierte Fehlmeinung, es sei „etwas nicht in Ordnung“, wenn sie kein punktförmiges, singuläres Gefühl hätten, und halten sich für orgasmusgestört, nur weil ihre Endlustreaktionen anders verlaufen als beim Mann.

Es kann überdies dazu kommen, daß Frauen ihre eigenen bereits abgelaufenen orgastischen Lustwellen mißdeuten und sich paradoxerweise auf das Erreichen eines Höhepunktes konzentrieren, den sie in dieser Form gar nicht erleben können. In diesen Fällen muß man die Frauen förmlich von dem Orgasmuscharakter ihrer erlebten Wollustreaktionen überzeugen.

Bezeichnend ist auch, daß Frauen in der ärztlichen Sprechstunde ihre diesbezüglichen Anliegen meist mit der Bemerkung beginnen: „Ich glaube, ich bin frigid.“ Oder sie sagen: „Mein Mann sagt, ich hätte keinen Orgasmus.“ Ich frage dann nur: „Erwarten Sie einen Höhepunkt wie Ihr Mann? Aufgrund welcher Kennzeichen sind Sie oder Ihr Partner der Meinung, daß Sie nicht zum Orgasmus kommen können?“

Die Fehleinschätzung der eigenen Lustlösungsreaktionen würde sich in einem fiktiven Gespräch etwa so anhören:

A: Ich bin frigid, ich habe noch nie einen Höhepunkt erlebt; mein Mann behauptet, bei anderen Frauen sei dies anders gewesen.

B: Wie anders?

A: Eben mit Höhepunkt.

B: Wissen Sie eigentlich, wie Ihr eigener Orgasmus aussehen sollte?

A: Kann ich mir bestenfalls vorstellen – erlebt hab’ ich es ja nicht.

B: Haben Sie schon einmal von Ihrer Leibesmitte bis in die äußerste Schoßregion ‚ausstrahlende‘ Vibrationen, Zuckungen und Zusammenziehungen verspürt? Oder ein ganz besonderes Pochen? Oder die Empfindung des Schoß-Pulsierens, das mit einem Gefühl des Aus- bzw. Überstülpens oder des Überflutens einhergeht?

A: Ja, wenn ich sehr erregt bin.

B: Sind diese Wellen höchst lustvoll?

A: Ja.

B: Ist es so, daß dieses Pulsieren aus der Tiefe Ihres Schoßes sich steigert und diese Lustwellen sich überschlagen – regelrecht brechen?

A: Das kann sein, wenn ich besonders in Stimmung bin; mir ist das aber nicht so klar bewußt.

B: Dann haben Sie doch ein höchst befriedigendes Sexualgefühl.

A: Ja, aber keinen Höhepunkt; nichts Einschneidendes oder Einmaliges.

B: Sie müssen Ihre Reaktionen nach eigenem Empfinden beurteilen; machen Sie sich von Vorstellungen frei, die den männlichen Höhepunkt betreffen: Alle Erosgefühle, die auf hohem Niveau verlaufen, können sich bei Ihnen zu Orgasmen steigern. Denn bei der Frau kann sich das Zenitgefühl in mehrere sich auftürmende und dazwischen sich brechende orgastische und orgasmusähnliche Erregungshöhen sozusagen aufteilen oder auflösen, weshalb sich bei ihr alles gar nicht zu einem einzigen Höhepunkt zuspitzen muß. –

Auch erotisch Zufriedene beurteilen ihre eigenen Zenit-Reaktionen unsicher, wenn sie diese mit dem männlichen Höhepunkt vergleichen. Was auch in dem Gespräch zum Ausdruck kam, das mit einer 41jährigen Lehrerin (nicht etwa während einer speziellen Beratung, sondern innerhalb meiner hausärztlichen Tätigkeit) durch Zufall zustande kam:

„Meinen ersten Erguß erlebte ich erst mit 34 Jahren."

„Gehören Sie zu den wenigen Frauen", lautete meine spontane Gegenfrage, „deren Orgasmen von einem Erguß begleitet sind?"

„Den Erguß selbst spüre ich gar nicht so sehr; ich fühle nur etwas unheimlich Prickelndes, unsagbar Überströmendes, ein intensives Wärmegefühl und ein Zittern im Innern meines Körpers. Aber schildern kann ich das alles gar nicht so recht;

bin ich doch meist in einem eigenartigen Rauschzustand, wobei ich nach Luft ringe und mein Partner beobachtet, wie meine Hände blutleer werden."

„Ich erlebe das am leichtesten", war die Antwort auf eine gezielte Zwischenfrage, „wenn mein Partner eine bei mir besonders empfindliche Stelle trifft, die tief innen, kurz vor der Gebärmutter, aber mehr nach vorn zur Blase hin liegt."

Sie glaubte nur dann einen Orgasmus zu haben, wenn ein Erguß dabei war, obwohl sie mit Sicherheit auch Orgasmen anderer Art erlebt hatte: Lustwellen, die sich im Leibesinneren brechen, und Wollustkontraktionen, von denen sie sagte, diese würden sich durch das Zusammentreffen des Penis mit der oben beschriebenen Stelle im Schoßinneren intensivieren, was sie aber alles nicht als Orgasmen angesehen hatte.

Da bei Frauen alle als wollüstig empfundenen Reaktionen unvermittelt Orgasmuscharakter annehmen können, sollten sie ihre Wollustwellen nicht nach den Merkmalen beurteilen, die dem männlichen Höhepunkt eigentümlich sind, sondern ganz allein nach dem Niveau ihrer Lustempfindungen.

Der Vollständigkeit halber sei noch auf das Gegenteil hingewiesen, nämlich, daß Frauen sehr wohl um ihre orgastische Reagibilität und das Ausmaß ihrer diesbezüglichen Fähigkeit wissen, diese aber dissimulieren, soweit dies möglich ist, um den Liebesakt zu verlängern. Die Frau verhindert dadurch auf liebevolle Weise, daß der Mann im Vertrauen auf die Richtigkeit der Orgasmus-Gleichzeitigkeitsthese relativ zu früh ‚grünes Licht' für seinen Orgasmus sieht.

Noch aus einem anderen Grund kann es sein, daß Frauen ihre Mehrfach-Orgasmie möglichst weitgehend unterdrücken: Durch sinnwidriges Vergleichen mit dem monoorgastischen Potential des Mannes befürchten sie, als ‚unersättlich' zu gelten.

Dissimulieren kann die Frau bis zu einem gewissen Grad, weil orgastische und orgasmuslose Reaktionen sehr ähnlich sind. Simulieren dagegen kann sie viel weniger, als allgemein angenommen wird, vor allem nicht die reflektorischen, mit dem Willen nicht beeinflußbaren Reaktionen, die orgastischen Gebärmutterkontraktionen und die mehrfachen, sich im Schoßinneren brechenden und ‚überschlagenden' Kontraktionen. Bezeichnenderweise reden gerade diejenigen mit Vorliebe von Orgasmus-Täuschungsmanövern der Frau, die von jenen Vorgängen, die sich im Schoßinneren abspielen, nichts wissen.

Zum Thema „Orgasmusgleichzeitigkeit" sei noch angefügt: Wenn man ständig vom weiblichen Orgasmus nur in der Einzahl spricht und so tut, als sei es eine ausgemachte Sache, bei welcher weiblichen Höhenreaktion der Mann auslösen darf, also eine Art von Orgasmus-Synchronisation herbeiführen soll, suggeriert man – neben einem überhaupt falschen Begriff von der weiblichen Art, Orgasmen zu erleben – eine Vorstellung, der zufolge es Unerfahrene für selbstverständlich halten, schon in der ersten weiblichen Höhenreaktion das Signal für die Auslösung des eigenen Orgasmus zu sehen.

Auf die Unterschiede kommt es an

Die Mißverständnisse, die sich auf die weibliche Orgasmusfähigkeit beziehen, werden erst recht vermehrt, wenn der männliche und der weibliche Reaktionszyklus im unmittelbaren Vergleich nach dem wirklichkeitsfremden Vier-Phasen-Schema dargestellt wird. Der Südstaaten-Gynäkologe Prof. William H. Masters, der zusammen mit der Psychologin Virginia E. Johnson Anfang der sechziger Jahre durch sein ganzes Buch „Die sexuelle Reaktion" nach diesem Schema verfuhr, hat selber, was den hohen Rang der Arbeit der genannten Autoren unterstreicht, diese „willkürliche Einteilung" in „vier abgegrenzte Phasen" als eine „rein willkürliche Konstruktion" (17) bezeichnet, die also vornehmlich methodischen Zwecken dienen sollte.

Daß aber dabei der männliche Reaktionszyklus auch für den weiblichen Modell stand, ergibt sich aus der Tatsache, daß allenfalls beim Mann „abgegrenzte", hintereinander erfolgende Phasen unterschieden werden können und daß nur beim Mann den einzelnen Phasen jeweils ganz bestimmte Symptome zuzuordnen sind.

Für die weibliche Reagibilität, deren „unendliche Variabilität" die genannten Autoren auch zugeben, hat aber das Festhalten an diesem Schema höchstens den Wert, die Anschaulichkeit eines Lehrbuchs zu erhöhen. Die weibliche Erotik jedoch ist durch die Unterordnung unter dieses Vier-Phasen-Schema, das wohl dem männlichen Reaktionszyklus deswegen so sehr abgelesen wurde, weil dessen Höhepunkt so deutlich markiert ist, erneut männlichen Perspektiven und Beurteilungsmaßstäben unterworfen worden. Und dies führt zu Fehlbeurteilungen, weil für die weibliche Orgasmus-Reagibilität nun mal die ständige Variation typisch ist und weil die Symptome großenteils eben nicht einer bestimmten Phase zugeordnet werden können. Das Untypische ist hier also, wie wir im weiteren Verlauf sehen werden, typisch.

Vergleichsmöglichkeiten sehe ich nur bei den erotischen Anlauf-, Anfangs- und Bereitschaftsreaktionen. Doch auch hier gibt es den Unterschied, daß die weibliche Reizbeantwortung, entgegen der üblicherweise verbreiteten Ansicht, bei idealer Partnerschaft viel schneller und intensiver ist als die männliche. Das verstaubte Vorurteil, demzufolge die Frau ein sexueller Spätstarter, ein langsamer als der Mann erregbares Wesen sei, wird neuerdings vornehmlich von denen aufpoliert, die ständig von der ‚Wichtigkeit' der klitoridalen Vorreizung reden. In Wirklichkeit (und man kann es bei richtiger Deutung der weiblichen erotischen Signale leicht feststellen) erreicht die Frau, ehe sich's der Mann versieht, ein hocherotisiertes Niveau; ja, sie kann sogar ohne jeden körperlichen Kontakt kulminieren, und zwar mehrmals.

Prof. Alfred C. Kinsey begründet in seinem Standardwerk „Das sexuelle Verhalten der Frau“ seine Methode, daß sich „die statistischen Daten des vorliegenden Bandes, wie auch des Bandes über das Sexualverhalten des Mannes, meistens auf das Vorkommen und die Häufigkeit von Sexualbetätigungen, die zum Orgasmus führten“, beziehen. Denn, so heißt es, „es wäre unmöglich gewesen, über einen anderen, weniger klar zu identifizierenden Aspekt des Sexualverhaltens in einem größeren Rahmen ebenso genaues statistisches Material zu erhalten.“ (14) Die weibliche Orgasmie ist aber gerade das am wenigsten klar zu identifizierende Phänomen der Sexualität schlechthin. Wenn daher Kinsey und Mitarbeiter den Orgasmus als klaren Bezugspunkt bezeichnen, wird deutlich, wie selbstverständlich vom männlichen Reaktionsmodell ausgegangen wird, und es zeigt sich, daß auch hier der Orgasmus des Mannes Pate stand.

Zusammenfassend sei gesagt, daß die weiblichen Orgasmusreaktionen sich so sehr von dem männlichen Höhepunkt unterscheiden, daß bei der Betrachtung der jeweiligen Reaktionszyklen der Schwerpunkt auf die Unterschiede verlegt werden muß, denn für das Verständnis der gegenseitigen erotischen Erlebnisfähigkeit sind vornehmlich diese Gesichtspunkte ausschlaggebend. Und es ist dabei förderlich, die weibliche Orgasmie als ein Phänomen *sui generis* anzusehen. Der richtige Ausgangspunkt für das Verstehen der entsprechenden weiblichen Erosgefühle ergibt sich mithin nicht durch Bagatellisieren und Verwischen der Unterschiede, nicht durch Parallelisieren mit dem männlichen (viel leichter darstellbaren) Reaktionszyklus, sondern durch die Analyse der Eigenart weiblicher Orgasmuserlebnisse, also der Orgasmusunterschiede zwischen Frau und Mann.

Die Orgasmusunterschiede zwischen Frau und Mann

Nicht Orgasmusstörungen, nicht Frigidität im weitesten Sinne des Wortes sind Gegenstand der folgenden Ausführungen, sondern diejenigen Orgasmusformen, die als Charakteristikum die normale bzw. ideale Erlebnisfähigkeit erkennen lassen.

Das Fehlen des Erregungsabfalls nach dem weiblichen Orgasmus

Ein weitgehendes Nachlassen der sexuellen Reagibilität nach dem Orgasmus ist beim Mann typisch, und damit ist auch ein gewisser Einschnitt im Koitus verbunden. Als Folge des deutlichen Erregungsabfalls vollzieht sich beim Mann normalerweise eine offensichtliche Rückbildung der vorher bestehenden phallischen Größen- und Formverhältnisse. In diesem Zusammenhang ist erwähnenswert, daß Knaben unter Umständen schnell hintereinander kulminieren können, allerdings meist noch ohne Ejakulation. Dies ist aber nicht etwa ein Zeichen von Frühreife, sondern ganz im Gegenteil ein Hinweis darauf, daß unreife Reaktionen noch weitgehend geschlechtsgleich verlaufen. Das heißt in diesem Fall, daß sie weiblichen ähneln.

Für die Frau dagegen ist eher das Fehlen eines vom Orgasmus abhängigen Erregungsabfalls charakteristisch. Sie kann deshalb kurz hintereinander Orgasmen erleben, und zwar auch ohne erneute Reizung. Nicht selten ergibt sich sogar nach dem ersten Orgasmus statt eines Abfalls eine Steigerung der erotischen Reagibilität. Ebenso wie das Ein- und Ausatmen bedingt eine brechende Orgasmus-Welle zugleich das Entstehen der nächsten.

Hieraus allein schon den Schluß zu ziehen, die Frau besitze mehr orgastische Gefühle als der Mann, ist jedoch unrichtig, denn die Orgasmusform, die ohne obligaten Erregungsabfall nach dem Orgasmus verläuft, ist nicht etwa eine überlegene, sondern nur eine andere, nämlich die weibliche.

Wie soll das vor sich gehen? Blutreichtum, Anschwellen und Elastizität des weiblichen Liebesorganes sowie die unwillkürlichen Bewegungsabläufe der Scheidenwände und -muskeln und das Volumen des ‚Lustbächleins' können nach dem Orgasmus weitgehend unverändert bleiben, aber auch eine Steigerung erkennen lassen. Besonders die Blutfülle nimmt durch die ersten Orgasmen eher zu als ab. Was sind die physiologischen Voraussetzungen dafür?

Funktionell gesehen hat das Blut (es kann auch als ein von den Wänden der Kanäle umschlossenes Organ aufgefaßt werden) mit seinen Gefäßen die Aufgabe, auf die Impulse, die über das Zentralnervensystem kommen, so zu reagieren, daß der Kontakt der Organe durch ein überreichliches Blutangebot sichergestellt ist. Verdeutlicht wird die Bedeutung des Blutkreislaufsystems bei der Erotisierung, wenn die Versteifung und Verlängerung des männlichen Gliedes, die Erektion, beschrieben wird. Denn, zirkulatorisch gesehen, ist bekanntlich das Steif- und Großwerden des Gliedes nichts anderes als eine reaktive Gefäßfüllung (Fluxion) in den Blutkammern (Kavernen) der Rutenschwellkörper, was durch ein im wahrsten Sinne des Wortes wunderbares Pump- und Leitungssystem zustande kommt.

Beim weiblichen Geschlecht gehen die entsprechenden Vorgänge hauptsächlich im Leibesinneren vor sich, und die weibliche Erotisierung ist mithin zwar – auch in dieser Hinsicht – äußerlich viel weniger zu erkennen, geht aber tatsächlich mit einer hochgradigen, die männliche (zumindest im Beckenbereich) weit übertreffenden reaktiven Hyperämie (Blutüberfülle) vor sich. Die Blutanflutung in den weiblichen Schwellkörpern bzw. den mächtigen Venengeflechten, die die Scheide und Gebärmutter umgeben, erreicht beträchtliche Ausmaße. Im „Lehrbuch der Topographischen Anatomie“ von Prof. H. K. Corning kann man dazu nachlesen, daß die beiderseitigen Venengeflechte durch zahlreiche Querverbindungen untereinander verbunden sind, „so daß wir eigentlich das ganze Venensystem der weiblichen Beckeneingeweide als einen großen zusammenhängenden Venenplexus aufzufassen berechtigt sind. Der Plexus utero-vaginalis setzt sich aus äußerst dünnwandigen, spiralig gewundenen Venenstämmen zusammen, welche infolge ihrer dichten Zusammenlagerung und der Ausbildung von Balken glatter Muskelfasern als Schwellgewebe bezeichnet wurden.“ (5) Ferner sind ausgedehnte Blutadergeflechte zusammen mit bindegewebig-muskulären Anteilen am Aufbau der erhöhten Faltenreihen im Scheidengewölbe beteiligt, und dadurch werden elastische Schwellpolster gebildet. Sie verstärken sich bei der Erregung, besonders durch die Bewegungen der Scheidenwände.

Weil das weibliche Becken so reichlich mit Blutgefäßen ausgestattet ist, wirkt sich die genitale Blutwallung (Fluxion) bei der Erotisierung wie eine massive Beckengefäßstauung aus, und als Folge der Leistungen des Zirkulationsapparates ändern die Schleimhäute ihre Farbe. Masters/Johnson (17) sprechen hier von „sex skin“-Phänomen an den Schleimhäuten und von „sex flush“ („Sexualröte“) der Haut.

Die Psychiaterin Mary Jane Sherfey sieht mit Recht in Blutfülle und Ansammlung von Gewebsflüssigkeit im Becken der Frau physiologische Voraussetzungen für die multiple Orgasmie, wenn sie sagt, daß „Orgasmen am wirksamsten nur mittels eines hohen Grades an Beckenblutstauung und Ödematisierung erreicht“ werden. Und: „Unter diesen Voraussetzungen wird naturgemäß jeder Orgasmus eine Verstärkung der Beckenvasokongestion bewirken; folglich steigert sich die orgasmische Kapazität mit jedem erreichten Orgasmus." (23).

Rückbildungserscheinungen stellen sich bei der Frau meistens erst nach einer Serie von Orgasmen ein, erst nach der Lustlösung, die – im Gegensatz zum Mann – bei der Frau nicht mit dem ersten Orgasmus zusammenfallen muß. Im Idealfall können nach der orgastischen Initialzündung die folgenden vororgastischen Wollustkontraktionen leichter in orgastische übergehen. Statt eines Abfalls der Erogeneität (ich verwende den von Werner Kemper geprägten Begriff „Erogeneität" [12] in etwas verändertem Sinne, nämlich für: erotische Ansprechbarkeit, Erregbarkeit und Reaktionsfähigkeit), kommt es dann bei der Frau zu einer viel gelösteren Erogeneität. In dieser Form weiblicher Lustlösung werden nicht mehr einzelne Kulminationswellen, sondern nur ein ständig hochschwingendes Erosgefühl erlebt.

Da die weibliche Orgasmie durch Formenreichtum und Variabilität gekennzeichnet ist, sei der Vollständigkeit halber vermerkt, daß es auch weibliche Orgasmusformen gibt, die einen gewissen nachorgastischen Erregungsabfall erkennen lassen. Dabei ist allerdings schwer zu entscheiden, ob es sich um eine Art von Adaption an das männliche Reaktionsmuster handelt oder ob hier primär selbständige Orgasmusformen vorliegen.

Abgesehen davon, daß ich es für Unfug halte, die komplizierten Vorgänge bei der Vereinigung in ein graphisch dargestelltes Schema pressen zu wollen, ist die weibliche Erregungskurve weder langsam ansteigend noch postorgastisch bis zur Ausgangslage zurückfallend. Die schönen Kurvenbilder, die wir seit einem halben Jahrhundert präsentiert bekommen, sind nicht richtig gezeichnet, denn erstens ist die Frau mindestens so schnell erregbar wie der Mann, und nicht selten erreicht sie in steilem Anstieg orgastisches Lustniveau.

Unter optimalen Bedingungen kann beispielsweise das Endlustgefühl der Frau beinahe identisch mit dem Anfangsgefühl sein, was bedeutet, daß die Frau schon in den ersten Sekunden der Vereinigung, manchmal sogar schon vorher, orgastisch erlebnisfähig ist. Die Legende von der generell langsameren Erregbarkeit der Frau wird zwar von den Vorreizungspropagandisten, die von einer obligaten Klitoris-Stimulation reden, immer wieder aufgefrischt, was aber denselben Wissensmangel verrät wie das altertümliche Gerede von der weiblichen Hyposexualität.

Zweitens muß, wie dargelegt, die einzelne Orgasmuswelle, besonders im Anfangsstadium der Vereinigung, nachorgastisch nicht zum Ausgangspunkt der Erogeneität zurückfallen.

Die multiple Orgasmusfähigkeit (Mehrfach-Orgasmie) der Frau

Für die Frau ist die multiple Orgasmusfähigkeit (Multi-Orgasmie) charakteristisch.

Angesichts dieses wesentlichen Geschlechtsunterschiedes ist es unbegreiflich, wenn weiterhin an der These von der Parallelität des weiblichen und des männlichen Orgasmus festgehalten wird. Obwohl einige Autoren die multiple Orgasmusfähigkeit der Frau erwähnen, korrigieren sie die mono-orgastischen Vorstellungen nicht und sprechen weiterhin nur im Singular von „dem weiblichen Orgasmus", statt Multi-Orgasmie als den Normalfall weiblicher Erlebnisfähigkeit anzusehen.

Wie unsicher selbst Ärzte dieses Phänomen beurteilen, illustriert ein von zwei Kollegen veröffentlichter Artikel mit dem Titel: „Multiorgasmen ohne Koitus" (Manfred Stauber u. Manfred Schmidt-Gollwitzer). Obwohl die 31jährige Frau dem Artikel zufolge nichts anderes als typische Merkmale einer mentalen multiplen Orgasmie, wie ich es nennen würde, schilderte (u. a.: „Wallungen im Genitalbereich", ein „Pulsieren im Beckeninneren" und Scheidenkontraktionen), werden die sogenannten Beschwerden als „Anfälle" und „ungewöhnliche Symptome" (26) bezeichnet. Die bedauernswerte ‚Patientin' wurde einer strapaziösen Diagnostik (Gebärmutterausschabung, Besichtigung der Bauchhöhle mit Endoskop, Syphilisdiagnostik u. a.) unterzogen und mittels Suggestivmaßnahmen und Beruhigungsmitteln ‚beschwerdefrei' gemacht – ein Resultat, das Prof. Volkmar Sigusch, mit Recht, in einer Stellungnahme dazu als „iatrogene Anorgasmie" (24) bezeichnete, was bedeutet, daß die Frau durch eine ebenso anstrengende wie völlig sinnlose Psychotherapie um etwas gebracht wurde, was in Wirklichkeit eine ganz und gar normale Orgasmusfähigkeit war.

Noch etwas, das den Wissensmangel bezüglich der multiplen Orgasmie kennzeichnet: Ich wundere mich immer wieder, wie ungeniert bei Umfragen über die weibliche Sexualsphäre Zahlen über Orgasmus-Frequenzen veröffentlicht werden, als wisse man ganz genau, nach welchen Gesichtspunkten man hier zu zählen habe. Wie geschieht denn dieses Zählen? Man kann nicht einfach in dilettantischer Weise Zahlen über weibliche Orgasmusphänomene verbreiten, als seien die zur Diskussion stehenden Phänomene ebenso leicht zählbar wie der männliche Höhepunkt. Bei nicht erkannter Multi-Orgasmie ergäben sich doch wohl grobe Zählfehler!

In der Praxis des Liebeslebens besteht Unsicherheit, wenn das Verhalten nicht auf die weibliche Fähigkeit zu Mehrfach-Orgasmie eingestellt ist. Falls die Partner überhaupt die multiplen wellenförmigen Wollustkontraktionen im Schoßinneren als orgastische Reaktionen anerkennen und nicht auch bei der Frau auf etwas Einmaliges und Explosives warten, ergeben sich für das entsprechende Verhalten zwei zunächst widerspruchsvoll erscheinende Gesichtspunkte:

Einerseits ist es bei weiblicher Multi-Orgasmie ganz und gar nicht ausgemacht, welche Orgasmen der Frau zugleich Endlustreaktionen sind und bei welchen weiblichen orgastischen Reaktionen nun auch der Mann ‚synchronisieren', also gleichzeitig ‚kommen' soll. Andererseits erreicht die multiorgasmische Frau bei idealer Partnerschaft eine Erotisierungsphase, die jegliches Orgasmus-Zieldenken überflüssig macht, was im Verlauf noch mehrmals näher begründet wird.

Auch an dieser Stelle muß erwähnt werden, daß dieses Mehr an Orgasmen durchaus nicht ein höheres Maß an orgastischem Potential bedeutet, denn die Erklärung liegt auch hier in der Tatsache der Andersartigkeit weiblicher Orgasmusformen. Nur Unkundige sehen darin einen Widerspruch, daß die weibliche orgastische Erlebnisfähigkeit einerseits labil strukturiert ist, so daß Lustlösungsschwierigkeiten quasi inklusive sind, daß aber andererseits die orgasmusfreudige Frau viel mehr Orgasmen erleben kann als der Mann.

Nur wenn man all diese Gesichtspunkte berücksichtigt, kann man die Multi-Orgasmie adäquat beschreiben. Sichtbar werdende *Überschneidungen beleuchten nur die verschiedenen Aspekte*. Auch auf den ersten Blick widerspruchsvoll Erscheinendes muß manchmal so belassen werden. Der Sexual-Realität entspricht diese Methode am ehesten. Wäre es anders, wäre die Liebe so öd wie Laboratoriums-Sex.

Aspekte zur Multi-Orgasmie

Während beim Mann die Wahrnehmung des Vor-Orgasmusgefühls (‚Samengefühls') mit einem kaum unterdrückbaren, eher unaufhaltsamen Drang zum Orgasmus verknüpft ist, kann bei der Frau gerade kurz vor dem ersten Orgasmus die *Überleitung* von der vororgastischen zur orgastischen Phase *blockiert* sein. Bei an sich orgasmischen Frauen, die sich aber situativ bedingt mit dem Erreichen des ersten Orgasmus manchmal ‚schwer tun', kann dieser Moment vororgastischer Hemmung etwas deutlicher beobachtet werden als bei den Frauen, bei denen dieser Übergang ohne weiteres vor sich geht.

Es gibt multiorgasmische Frauen, bei denen die Überleitung meist fließend vor sich geht, kaum merklich, vielleicht wie ein leichtes Wippen, was aber nur bei besonderer Beobachtung wahrgenommen wird. Dann gibt es zweitens solche, bei denen ziemlich häufig ein ganz bestimmtes Verdichten oder eine Art von Anschoppung der Erogeneität das Herannahen orgasmusähnlicher Höhenreaktionen quasi ankündigt. In diesen Fällen ist die Überleitungsphase gegebenenfalls leicht störbar, und zwar durch situationsbedingte Umstände, ferner durch ungeschicktes Partnerverhalten, wie z. B. Wechseln der Koitusposition und der Koitusrhythmik. Auch geringe andere Störfaktoren können bewirken, daß ‚alles weg ist', besonders, wenn die Frau die Überleitungshemmung zu bewußt registriert.

Im Vergleich dazu ist drittens bei einigen Frauen ein mehr oder weniger deutlich ausgebildeter vororgastischer Stop, wie man dazu sagen könnte, erkennbar. Es kann ein eigenartiger ‚Druck' sein, ein Herabdrängen, das dem Brechen der ersten Orgasmuswelle vorangeht; dieses charakteristische Engerwerden, dieses subtile, penisumfassende Gefühl soll der Mann kennen und ‚aushalten' lernen, damit er nicht gerade in dem Augenblick ejakuliert, in dem die Frau ‚kurz davor' ist, ‚kommen' könnte. Damit sie ‚kommen' kann! Und das ist gar nicht so einfach für ihn, aus einem ganz natürlichen Grund: Durch die vaginalen Aktivitäten verstärkt sich sein Ejakulationsdrang, sein Drang zum Orgasmus.

Dies ist ein ganz besonders kritischer Moment, in dem die Frau (selbst die an sich orgasmusfreudigste und -fähigste) immer wieder einmal für die sich gerade abzeichnende erste Orgasmusauslösung störanfällig werden kann. Und hier muß sich der Mann natürlich variabel verhalten, vor allem hinsichtlich der intravaginalen Phalluspositionen und des Rhythmus, der das vaginal-phallische Zusammenspiel bestimmt. Das eben Gesagte möchte ich an dem von mir redigierten Bericht einer 29jährigen Frau etwas anschaulicher machen: Bei dieser Frau ist das vororgastische Stadium ziemlich charakteristisch abgesetzt. Nach anfänglich ständig sich steigernden Schoßaktivitäten kommt es unmittelbar nach der oben erwähnten Anschoppung zu einem charakteristischen Stop aller äußeren Bewegungsabläufe, sie bäumt sich auf und wird ‚irgendwie starr'. Es verzögert sich mithin bei ihr die Überleitung, und sie meint, ihre Lustlösung gelinge nicht anders als in einer Art von ‚Herunterholen', und zwar in äußerlich verhaltener Weise. Der Gesichtsausdruck entspricht äußerster Anstrengung, das Brechen und Auspulsieren des ersten Orgasmus, der sich dann freilich in heftigen, ‚hinauswerfenden' Scheidenkontraktionen bemerkbar macht, erfolgt gewissermaßen ‚in letzter Sekunde'.

Ist das Erscheinungsbild derartig, dann ist es hauptsächlich durch Vaginalaktivitäten herbeigeführt; der Partner sollte deswegen hierbei besser der Partnerin die Hauptinitiative überlassen und seine Aktivitäten gerade in diesen Augenblicken womöglich bremsen, denn in diesem Falle gelingt bei der Frau das Brechen der Lustwelle am ehesten, wenn der Mann wenig Bewegungen ausführt und möglichst in tiefem Schoß-Rutenkopf-Kontakt solange wie möglich verharrt.

Der Partner sollte sich, wie gesagt, in dieser kritischen weiblichen Phase variabel verhalten, also auch so: Bei Frauen, die an sich zu einem ähnlich verlaufenden vororgastischen Stop neigen, erfolgt dessen Überbrückung am besten durch eine Art von Überspielen, und zwar durch geschickte männliche Aktivitäten, also in weitgehend entgegengesetzter Weise als in dem oben angeführten Beispiel.

Dabei will die Frau im Scheidengrund eher ein regelrecht heftiges Liebesspiel, und sie ruft nicht: „Bleib", sondern: „Mach weiter so, wild bitte", und alles geht viel weniger synkopenartig vor sich. Die vororgastischen und orgastischen Wollustwellen gleichen sich hier auch weit mehr. Ausschlaggebend für die optimale Lustlösung ist in diesem Fall vielmehr das gegenseitige Abstimmen der Bewegungsvorgänge, das Beibehalten derjenigen phallo-vaginalen Eurhythmie, die sich im vororgastischen Stadium irgendwie eingespielt hat.

Es gibt natürlich auch den Wechsel zwischen den geschilderten Alternativformen, und zwar nicht nur von einem Koitus zum anderen, sondern auch zwischen den Orgasmen – bei ein und derselben Frau. Wobei freilich auch Erscheinungsbilder vorkommen, die sich weniger gegeneinander abheben.

Insgesamt gesehen ist es aber selbstverständlich schwierig, solche Unterscheidungen überhaupt zu treffen, zu sehr können sich vororgastische und orgastische Reaktionen ähneln. Manchmal ist es nur das Bestehenbleiben der fornikalen Exkavation (bogenförmigen Erweiterung des Scheidengewölbes im inneren Scheidendrittel), manchmal ist es nur ein Nicht-Brechen der Wollustkontraktionen, des Pulsierens oder Vibrierens.

Betrachtungen zur Mehrfach-Orgasmie müssen vor allem deren *Variationsbreite* und *Vielgestaltigkeit* zum Ausdruck bringen. Die Fülle individueller Verschiedenartigkeiten reicht von Formen, bei denen es nachorgastisch zu einer kurzzeitigen Verringerung der erotischen Ansprechbarkeit kommen kann, bis zu ekstatischen Formen, die mit einer unbestimmbaren Zahl von Orgasmen ohne Nachlassen der Erogeneität zwischen den Orgasmen einhergehen. Bei der idealen weiblichen Orgasmie geschieht dies alles ohne ein deutliches Zuspitzen, also eher oszillierend, vibrierend, gewissermaßen beschwingt.

Darüber sollte der Mann einiges wissen, auch wenn dieses ‚Wissen‘ wegen der vorhandenen Unwägbarkeiten eigentlich nur ein gefühlsmäßiges sein kann. Es muß ja nicht gleich erotisches Charisma sein, aber ein gewisser feiner Instinkt für weibliche Erosgefühle ist letztlich die Voraussetzung, daß sich die beschriebene Steigerung der weiblichen Erogeneität entwickeln kann. In optimaler Schoß-Phallus-Verbindung kann jede ‚treffende‘ Phallusbewegung mit einer orgastischen Lustwelle beantwortet werden; aber auch ohne viel Eigenbewegung kann der Phallus von mehreren aus dem Schoßinneren kommenden Orgasmuswellen sozusagen überspült werden.

Um die Lustwellen, die aus der Region, die zum Scheidengewölbe bzw. Scheidengrund im inneren Scheidendrittel gehört, quasi anrollen, im genau richtigen Moment zu ‚parieren‘ und seine Phallusbewegungen mit den reflektorischen Scheidenbewegungen so eurhythmisch abzustimmen, daß die vaginalen Pulsationen brechen können, braucht der Mann allerdings erotisches Flair. Der Wechsel zwischen Dehnungsreflexen und Kontraktionen sowie Vibrationen, der sich mehr im inneren Scheidendrittel, also in Scheidentiefe, abspielt, intensiviert sich bei den vororgastischen Reaktionen, und die anschließende, den Phallus ‚umarmend-überstülpende‘ Kontraktionswelle kann ein Orgasmus sein.

Das phallo-vaginale Zusammenspiel läßt manchmal einen spezifischen Rhythmus erkennen, eine Eurhythmie, die das leichte Auslösen weiblicher Orgasmuswellen begünstigt.

Andererseits sollte auch die Frau ein Gespür dafür entwickeln, wie fein das männliche Liebesorgan auf vaginale Verführungskünste antworten kann. Besonders sensibel reagiert der Phalluskranz, der Eichelrand, der um so wulstiger wird, je intensiver die unwillkürlichen Bewegungen der Scheidenwände, fachlich „Vaginalmotilität“ genannt, über ihn streifen.

Wegen der großen inter- und intraindividuellen Unterschiedlichkeit der Erscheinungsformen der Multi-Orgasmie entspricht es durchaus der Wirklichkeit, wenn man sagt, daß *jede Frau etwas anders orgasmieren kann,* aber auch, daß *jede jedesmal anders kann.* Selbst während eines Koitus können die Orgasmen unterschiedlich erlebt werden.

Darüber hinaus gleichen die einzelnen Orgasmen nicht etwa glatten Wogen, sondern setzen sich selbst wieder aus multiplen alternierenden Reaktionen (Minikontraktionen und -relaxationen) zusammen. Um auszudrücken, daß die Orgasmen, die in einer Fülle von Abstufungen verlaufen, von verschiedenen Lusthöhen ausgehen können, kann man auch, nur um irgendwelche Bezeichnungen zur Hand zu haben, von kleinen, großen, übergroßen, aber auch von Teil-Orgasmen sprechen.

Doch weniger auf die Definitionen als auf die Korrektur uniformer Vorstellungen kommt es an. Um aber nicht selber falsche zu erzeugen, komme ich auf die Bezeichnung ‚übergroße' Orgasmen zurück: Ich verstehe darunter lediglich die aus dem jeweiligen Lustplateau herausragenden Orgasmuswellen und meine damit keinesfalls irgendwelche ‚Super-Orgasmen' oder ähnliches, sondern allenfalls Lustlösungsformen, bei denen Orgasmen herausragen können. Manchmal werden dann nur diese seltenen Orgasmusformen als die eigentlichen Orgasmen angesehen.

Während der männliche Höhepunkt mit einem steilen Felsen verglichen werden könnte, gleicht die Multi-Orgasmie einer Brandung verschieden hoher und unterschiedlich sich brechender Wellen. Es ist also schlechterdings unmöglich, bei der multiorgastischen Reagibilität einzelne Phasen oder Stadien deutlich abzugrenzen, was bedeutet, daß die Frau ‚alles', selbst nicht-brechende Lustwellen, als ein in höchstem Maße befriedigendes Erleben empfinden kann. Andererseits kann diese Form weiblicher Erlebnisfähigkeit der Grund sein, daß gerade multiorgasmische Frauen ihre auf hohem

Lustniveau verlaufenden, aber mehr diffusen Lustwellen zwar in höchstem Maße als wollüstig und befriedigend empfinden, aber nicht mit dem Begriff Orgasmus assoziieren.

Diffuse Orgasmie

Die diffuse (im Sinne des Auseinanderfließens) Form der weiblichen Orgasmie ist eine erotische Erlebnisfähigkeit, zu der sehr viele Frauen, ohne daß sie sich dessen so recht bewußt werden, fähig sind.

In der erotischen Ekstase empfindet die Frau den ganzen Liebesakt wie ein dauernd hochschwingendes Orgasmusgefühl – „wie wenn alles Orgasmus wäre, ohne Grenzen". Die orgastisch-ekstatisch-diffuse Erlebnisfähigkeit ist diejenige, die sich am meisten von dem männlichen Höhepunktserlebnis unterscheidet.

Der Lust- und Liebesgehalt der gesamten Vereinigung beeinflußt die Erlebnisfähigkeit der Frau. Anfangs- und Endgefühl fallen zusammen, und alles wird wie ein lang anhaltender Orgasmus empfunden.

Diese heute weithin unbekannte Erkenntnis ist offenbar so alt, wie sich Menschen über solche Dinge Gedanken gemacht haben.

Im „Kamasutram" des Vatsyayana kann man nachlesen (Vatsyayana verwendet als Synonym für Orgasmusgefühl: „Wonne der Samenergießung"): „Beständig, von Anfang an, empfindet die Frau jenen Zustand, der Mann jedoch nur am Ende ... Beide scheinen die Wonne der Samenergießung zu erlangen, die Frau jedoch schon von der Einführung des Penis an und ohne Unterbrechung ... So erlangt sie von Anfang an jenen Zustand wie der Mann in der Wonne der Samenergießung." (28)

Wohin dagegen ein Teil der zeitgenössischen sogenannten

Sexualaufklärung gekommen ist, kann man sehen, wenn man zur Kenntnis nehmen muß, daß Vibratoren Generatoren des weiblichen Orgasmus sein sollen. Ich nehme zwar Verlautbarungen aus der Werkstatt der Lustmechanik nicht ernst, halte dem aber doch entgegen, daß Stimulationen, die so durchgeführt werden, kein zerfließendes, befreiendes oder beseligendes ‚Auflösungsgefühl' aufkommen lassen.

Die ekstatisch orgastische Erlebnisfähigkeit, bei der einzelne Kulminationen nicht mehr abgrenzbar sind, ist ein Reservat der vollkommenen Liebesvereinigung. Kennzeichen einer gewissermaßen ‚beflügelt'-diffus erlebten Orgasmusfähigkeit und Ekstase ist ein schlecht zu definierendes Gefühl von Dauerlustlösung – ein permanentes erotisches Hochgefühl: das Gefühl der unbegrenzten ‚kosmischen' Ekstase.

Treffende Signalreize beantwortet die Frau, vor allem bei guter Partnerschaft, mit Sofort-Orgasmen oder mit lange auf Orgasmushöhe verlaufenden Vibrationen. Da, wie beschrieben, die weibliche Erotisierung sowohl schnell hochgehen als auch lange hoch bleiben kann, ist eine Unterscheidung in (noch oder wieder) orgasmuslose bzw. orgastische Wollustwellen weder objektiv nötig noch subjektiv möglich. Eine abgegrenzte Orgasmusphase ist nicht zu erkennen, denn einmal intensivieren sich die Pulsationen erst nachorgastisch oder die orgastischen Lustwellen sind nur eine geringe Akzentuierung der vororgastischen Vibrationen. Bei subtil schwingender und diffus sich steigernder Höhen-Reagibilität kann es sein, daß alle Lustwellen spontan Orgasmuscharakter annehmen.

Es ist nur eine Betonung und nicht eine Abschwächung meiner Aussage, wenn ich anfüge, daß – rein den Erscheinungsformen nach – die diffuse Orgasmie dem Kommunikationserlebnis, das ohne Orgasmen, aber auf hohem Wollustniveau verläuft, sehr ähnlich sein kann. Je tiefer sich die Frau in der orgastischen Ekstase befindet und je kürzer die Orgasmen hintereinander erfolgen, desto ‚flacher' werden sie und desto mehr fließen sie ineinander.

Sehr viele Frauen sagen: „Wenn das, was man immer über den Orgasmus erzählt bekommt, sich alles auf einen (Höhe-) Punkt beziehen soll – dann habe ich keinen." Wenn man aber diesen Frauen das variierende Erscheinungsbild der diffusen Orgasmie schildert, kommt ihnen erst zum Bewußtsein, daß sie keineswegs orgasmuslos, sondern diffus orgasmisch sind. Ich habe den Eindruck gewonnen, daß gerade Frauen mit hoher Erogeneität, die meinen, sie kämen „nicht zum richtigen Spitzenerlebnis", durch die Erklärung, daß hochschwingende, nicht begrenzte Wollustwellen (mit unbewußter Schoß-Motilität) Orgasmen sein können, unwillkürlich zur Selbstentdeckung (coming out) ihrer eigentlichen erotischen Hochgefühle kommen.

Der offensichtlichste Orgasmusunterschied

Die physiologische Verknüpfung des männlichen Orgasmus mit dem Samenerguß ergibt nicht den wesentlichsten, aber den offensichtlichsten Geschlechtsunterschied. Die physiologische Verbindung von Orgasmus, Ejakulation und Lustlösung, die wegen ihrer Selbstverständlichkeit gewöhnlich gar nicht erwähnt wird, besteht nur beim männlichen Reaktionszyklus.

Man braucht auch nicht gerade an die weiland bitteren Zeiten des ‚unterbrochenen Geschlechtsverkehrs', des *Coitus interruptus,* zu denken, um sich zu vergegenwärtigen, daß allein der männliche Höhepunkt einen gewissen Einschnitt im Kohabitationsablauf bedingt. Im Zeitalter der besseren ‚Verhüterli' hat man schon fast vergessen, wie's früher war, als beide recht genau darauf achten mußten, wenn ‚kurz vorher' (prae-ejakulativ) das Signal zum Aussteigen hochging. Was auch von diesem Gesichtspunkt aus unterstreicht, um wie viel deutlicher der männliche Orgasmus als der weibliche markiert ist.

Im allgemeinen Bewußtsein wird oft nicht einmal die Unterscheidung zwischen männlichem Orgasmus und Ejakulation getroffen. Den Samenerguß aber einfach zu subtrahieren, nur um die Orgasmen von Mann und Frau deckungsgleich zu machen, ist doktrinäre Spielerei. Mit so einem Knick in der Linse (abhängig vom männlichen Orgasmusmodell) wird immer übersehen, daß bei der Frau Orgasmus und Endlustgefühl nicht zusammenfallen müssen. Die weibliche Lustlösung erfolgt womöglich erst nach einer Serie von Orgasmen, wobei ich daran erinnere, daß die Endlustreaktionen der Frau wenig Deutliches erkennen lassen.

Nun gibt es allerdings auch weibliche Sekretausschüttungen, die reichlich sind und bei denen beispielsweise weit mehr Flüssigkeitsmenge als beim männlichen Erguß ausströmen kann. Sie sind aber nicht Zeichen weiblicher Endlust, denn diese Sekretionen kommen erstens selten vor und sind zweitens nicht orgasmusspezifisch. Sie sind aber, trotz ihrer relativen Seltenheit, so interessant, daß ich dazu einige Angaben machen möchte.

WEIBLICHE SEKRETAUSSCHÜTTUNGEN (WEIBLICHER ‚ERGUSS')

Weibliche Sekretionen, die das Maß der Libidosekretion (Lusttröpfchen; Feucht- und Naßwerden der Scheide; Lubrikation) beträchtlich überschreiten, nenne ich profuse (reichliche; verschwenderische; sehr starke) Sekretausschüttungen oder -ausgießungen bzw. überfließende Sekretausspritzungen.

Man kann dabei nicht von nassen Orgasmen sprechen, wie es im Volksmund hier und da geschieht, weil diese Absonderungen nur selten gleichzeitig mit Orgasmen erfolgen, eher zwischen den Orgasmen, manchmal aber schon vor dem ersten Orgasmus. Das ist erklärlich, wenn man bedenkt, daß die Blutfülle, die diese sekretorischen Vorgänge begünstigt, auch nachorgastisch anhält und daß auch orgasmuslose Scheidenkontraktionen die Ausspritzungen besorgen können. Ein reichliches ‚Lustbächlein' ist folglich nicht orgasmusspezifisch.

Es ist allerdings auch so, daß profuse Sekretionen durch zwei Faktoren begünstigt werden: einmal durch das bereits erfolgte Auftreten einiger Orgasmen, zum anderen durch das Aufrechterhalten einer gewissen Dauer des erotischen Zusammenseins. Für die meisten Frauen kommt das erstmalige Auftreten überschießender Genitalsekretionen überraschend, oft erst nach Jahren einer harmonischen Partnerschaft; ebenso sind Männer, die dies erstmalig erleben, erstaunt, wenn sie nicht wissen, daß es sich um normale Vorgänge handelt.

Die sexualwissenschaftlichen Vorkämpfer, deren Hauptanliegen, wie beschrieben, die weibliche Erotik war, berichten über diese weiblichen sekretorischen Vorgänge mit großer Sachkenntnis:

Prof. Richard von Krafft-Ebing schrieb bereits 1888 in der „Wiener medizinischen Presse": „Über pollutionsartige Vorgänge beim Weibe." (15) Und in dem 1926 von Max Marcuse herausgegebenen „Handwörterbuch der Sexualwissenschaft" berichtet der Berliner Professor Paul Fürbringer mit der vorsichtigen Sprache, die damals geboten war, unter dem Stichwort ‚Pollutionen des Weibes": „Immerhin gewährleistet das ejakulative Arbeiten der Scheidenmuskulatur, die wahrscheinliche Erektion der Klitoris, die Kontraktionen des Constrictor cunni und der Vaginalportio im Verein mit dem Orgasmus die Zulässigkeit der Benennung, die am zutreffendsten durch ‚pollutionsartige Vorgänge' ersetzt wird." (16)

Theodor H. van de Velde, ehemaliger Direktor der Frauenklinik in Haarlem (Niederlande), resümiert zu diesem Thema folgendermaßen: „So kann tatsächlich das angehäufte Sekret der beiden Drüsen unter gewissem Druck durchgepreßt und aus ihren Mündungen ausgespritzt werden ... Schließlich ist es wenigstens ebenso sicher, daß eine solche wirkliche ‚Ejakulation' bei vielen Frauen mit normalen Geschlechtsfunktionen nicht stattfindet, als daß ihr Vorkommen bei anderen feststeht." (27)

Im Band V (Sexualwissenschaft) des „Bilder-Lexikons" ist nachzulesen, daß dieses weibliche Sekretionsprodukt auch aus der Gebärmutter stammen kann und daß „durch die rhythmische Zusammenziehung der Ringmuskulatur der Gebärmutter deren Schleimdrüsen ausgepreßt" werden. Die Menge des „herausgeschleuderten" Sekrets wechsle „von einer geringeren Sekretion bis zu einem profuseren Erguß" (4).

Werner Kemper, Berliner Frauenarzt, führt dazu aus: „Zugleich erfolgt beim Weibe die aufs äußerste lustvoll erlebte Ausstoßung einer bei manchen Frauen nur minimalen, bei anderen recht erheblichen Menge wäßrig-seröser Flüssigkeiten aus der Wandung des oberen Scheidendrittels in das Scheidenlumen ... Diese Ausstoßung (‚Ejakulation') geht mit einer flüchtigen geringen Bewußtseinstrübung einher." (12)

Profuse Ausgießungen stammen zum Teil aus den kleinen und großen Vorhofdrüsen. Der größte Teil aber ist ein Produkt der Vaginalwände, besonders des Scheidengewölbes, in Form eines Transsudates (sudare = schwitzen). Etwas vermehrt wird diese Flüssigkeit auch durch eine überschießende Absonderung der kleinen Drüsen, die sich im Gebärmutterhals befinden. Die innere Schleimhaut der Gebärmutter mit ihren reichlich vorhandenen Drüsen, die bei den wollüstigen Kontraktionen der Gebärmutter ausgepreßt werden, kann man als weitere Sekretionsquelle ansehen. Deswegen werden zwar nicht immer, aber oft nach einer Hysterektomie (operativen Entfernung der Gebärmutter unter Belassung der Eierstöcke) nach meinen Beobachtungen Scheidenergüsse, die vorher reichlich vorhanden waren, merklich geringer.

Bei den reichlichen Sekretausschüttungen handelt es sich wie bei der Libidosekretion um eine glasklare Flüssigkeit. Der Geruch des reinen Sekrets ist eine schwer zu beschreibende Mischung (der Geburtshelfer hat sie in der Nase) von Baby-Duft und Fruchtwasseraroma. Der Duft ist nur angedeutet, manchmal mit einer Note ins Fruchtige.

Die Menge des kombinierten Gebärmutter- und Scheidenluststroms schwankt erheblich von Mal zu Mal und von Frau zu Frau. Natürlich kann man die üppigen Sekretionen, da man sie im Sex-Labor wohl nicht erzeugen kann, nicht mengenmäßig mit dem Meßbecher bestimmen. Aber die Menge des Spermaliquors wird oft, wenn es schon dazu kommt, um ein Vielfaches übertroffen. Das Ausspritzen geschieht im allgemeinen in mehreren Portionen, nach unterschiedlich langen Intervallen. Bei besonders ausgiebigen Ergüssen kann das Lager bis auf den Grund durchfeuchtet sein.

Andererseits ist bemerkenswert, daß in einem gewissen Abstand von den erfolgten Sekretionen eine Scheidentrockenheit auftreten kann, die nicht psychogen ist, weil weiterhin Liebeslust (Libido) besteht. Es handelt sich also offenbar um eine Art sekretorischer Kompensation.

Für mich ist die Fähigkeit mancher Frauen zu reichlicher Sekretausschüttung eine Tatsache, deren Richtigkeit ich u. a. auch durch eigene Erfahrungen belegen kann, aber gerade deswegen seien hier einige einschränkende Bemerkungen angeführt:

Die erotische Befriedigung und das Lustniveau der Frau sind davon nicht abhängig. Es besteht also keine Relation zwischen dem Auftreten profuser Sekretionen und der Sinnlichkeit bzw. erotischen Erlebnisfähigkeit einer Frau, denn bei der Mehrzahl multiorgasmischer Frauen tritt auch bei idealer Partnerschaft zeitlebens keine das Ausmaß der Libidosekretion überschreitende Genitalsekretion auf, ohne daß dies als Verlust empfunden wird. Andererseits ist es so, daß Frauen, die dazu fähig sind, eine nicht näher zu beschreibende Lust bei diesen ‚Entleerungen' verspüren.

Auch Männer bewerten, wenn sie diese Vorgänge nicht falsch deuten (etwa mit krankhaftem Ausfluß verwechseln oder für sonst etwas Pathologisches halten), diesbezügliche Erlebnisse positiv – wenn auch der Verbrauch an Bettwäsche negativ zu Buche schlägt . . . Selbst wenn die angesprochene Erlebnisfähigkeit der Frau als eine gewisse Bereicherung des Kohabitationserlebnisses angesehen wird, sozusagen als eine erotische Luxuskomponente, ändert das nichts an der Tatsache, daß deren Fehlen oder sekundäres Wegfallen kein Manko ist.

Weiterhin wiederhole ich, daß nur relativ wenige Frauen Sekretausschüttungen in der dargestellten Weise erleben; manchmal erfahren sie erst durch einen darin kundigen Mann von dieser Möglichkeit. Keineswegs handelt es sich bei dieser Eigenschaft immer um eine dauerhafte, und vor allem erleben Frauen, die Ergüsse haben, dies keineswegs bei jeder erotischen Aktivität.

Der Frau ist es möglich, wenn einmal eine Sekretion unwillkürlich erfolgt ist, die nachfolgenden bis zu einem gewissen Grad durch Pressen zu beeinflussen. Andererseits kann eine allzu direkte Aufforderung des Mannes (etwa: „Spritz mich an!") die unwillkürliche Komponente des Geschehens negativ beeinflussen. Im übrigen muß erwähnt werden, daß bei Sekretionen, die auf der Höhe von Orgasmen erfolgen, in seltenen Fällen auch gleichzeitig geringe Entleerungen aus der Blase möglich sind.

Am ehesten scheinen die Sekretionen durch flaches (phallo-vestibuläres) Scheiden-Rutenspiel auslösbar zu sein, wenn also die Eichel die vordere Vaginalwand im äußeren Drittel stimuliert.

Noch eine Beobachtung: Die ‚Pille', wenn sie relativ viel Gestagen enthält, kann bei längerer Einnahme die beschriebenen sekretorischen Vorgänge negativ beeinflussen.

Mentale Orgasmie

‚Nasse' Sexualträume (mit oder ohne Orgasmen) gibt es bekanntlich bei beiden Geschlechtern. Bei Frauen scheinen sich reichlichere Sekretionen etwas häufiger bei erotischen Träumen als koital zu ereignen. Beim männlichen Geschlecht werden die geträumten Orgasmen „Pollutionen" (Samenergüsse im Schlaf) genannt, wobei nicht zu entscheiden ist, ob letztlich Berührungen am erigierten Penis mit im Spiele sind oder nicht.

Ich erwähne dies aber nur zur Unterscheidung, denn Sexualträume stehen hier nicht zur Diskussion. Geträumte Orgasmen sind ja das Gegenteil von mentalen, die ich beschreiben will und die nur im Wachzustand erlebt werden. Und diese Fähigkeit besitzt, wie wir gleich sehen werden, die Frau in ungleich höherem Maße als der Mann. Das Wesentliche der mentalen orgastischen Erlebnisfähigkeit ist die Konzentration auf den Partner oder ein anderes Liebesziel.

Die Bezeichnung mental (in Gedanken bestehend) soll den Sinn, der in dem dazugehörigen lateinischen Hauptwort *mens* (u. a.: Denkkraft, Vorstellung, Gedanke, Erinnerung) liegt, zum Ausdruck bringen, denn das konzentriert Bewußte, die gedankliche Hinwendung ist das Hauptmerkmal der mentalen Orgasmie.

Insofern bestehen gewisse Ähnlichkeiten zu Orgasmen, die durch sexuelle Phantasien der Frau erlebt werden. Man spricht dabei manchmal etwas poesievoll von verborgenen Träumen, meint aber geheime Wünsche, weil man Träume nicht verbergen kann und muß; ich grenze insofern auch die sexuellen Phantasien der Frau hier etwas ab, als ich in erster Linie die intimsten Gedanken, die geheimsten Sehnsüchte meine, die sich auf ein ganz bestimmtes Liebesobjekt, das eben gerade nicht erreichbar ist, beziehen. Ich meine also nicht die Weg-vom-Partner-Phantasien, sondern das Gegenteil.

Für die Frau ist es relativ leicht möglich, allein durch Konzentration (also ohne jeden körperlichen Kontakt!) Orgasmen zu erreichen, während der Mann, wohlgemerkt im Wachzustand, allein durch Gedanken, also ohne irgendwelche Berührungsreize am Genitale, nicht so leicht zu kulminieren vermag. Selbst der sogenannte vorzeitige Samenerguß tritt (außer in Sonderfällen, ferner bei Pubertierenden) erst auf, wenn das Glied letztendlich irgendeinen Berührungsreiz, und sei er auch noch so leicht, empfängt.

Dagegen erreicht die Frau ohne jeden körperlichen Fremdkontakt und ohne jede Eigenmanipulation am Genitale durch Gedanken, also mental, multiple Orgasmen in Form von kulminierenden Vibrationen. Die Spielfreude am Sexuellen und manch weibliche Vorliebe für verlängerte Libidostimmung ist u. a. hieraus erklärlich; auch entwickeln manchmal heterosexuell Enttäuschte oder Homophile dabei enorme Fähigkeiten.

„Ganz leicht geht das", sagen die dazu Fähigen: manchmal ein Schenkeldruck (ein kurzes Zusammenpressen, weniger ein Aneinander-Reiben), ein Straffen des Beckens oder der Beine – ohne Friktion der Klitoris. Orgasmischen Frauen gelingt dies so federleicht, daß sie, animiert, beinahe unerschöpflich solche Orgasmen erleben können.

Da die Orgasmen zwar in Gedanken an den Partner, aber ohne direkte Partnereinwirkung, sozusagen partnerlos, erlebt werden, könnte man meinen, es seien autosexuelle Aktivitäten. Aber mental orgasmische, meist sehr sinnliche Frauen lehnen eine solche Interpretation energisch ab, weil sie wissen: Mental erlebte Orgasmen reduzieren keineswegs etwa die Orgasmusfähigkeit beim eigentlichen Liebesspiel; sie sind vielmehr ein soviel wie eigenveranstaltetes Vorspiel, ein Anschwingen der inneren erotischen Eurhythmik.

Weibliche Liebeslaute

Wonnelaute, Liebesseufzer und Lustschreie haben ihre Wurzeln im kollektiven Unbewußten – sie sind also großenteils archetypischer Natur. Das weibliche Liebesstöhnen ist eine eigenartige Modulation zwischen Wonne- und Klagelauten, klanglicher Ausdruck der in der Wollust vorhandenen Mischung von Lust und Schmerz. Charakteristisch ist dabei die kaum beschreibbare Mischung von Seufzern und Jauchzern.

Die Mimik Liebeslaute ausstoßender Frauen gleicht mehr Gefolterten, obwohl mit diesen Lustschreien Gefühlsausbrüche von ungemein befreiendem Charakter verbunden sind, was wiederum einem Ur-Bedürfnis des Menschen entspricht. Zugleich sind Liebesseufzer Ausdruck extremer Hingabelust.

Oft erinnern weibliche Liebeslaute weniger an Schreie, Seufzer oder Stöhnen, sondern mehr an eine eigenartig durchgezogene Melodie mit Tönen von ‚süßem' Jammern und Jubilieren.

Ich habe die archetypischen Komponenten der Lustschreie besonders angesprochen, weil sie das Unnachahmliche der Liebeslaute andeuten. Wenn auch auf diesem Gebiet – nicht einmal aus negativen Motiven – einiges geschauspielert wird, so bleibe ich dabei, daß gewisse weibliche Liebeslaute eine eindeutige Lautmalerei für Liebeslust sind und einen ganz charakteristischen ‚Sound' an sich haben, der sie von Imitationen abgrenzt. Ein gewisses Etwas wird bei Dauerpartnerschaft zum Merkmal des Echten.

Aber auch hier besteht keine lineare Relation zwischen der

Stärke der stimmlichen Lustäußerungen und dem Grad der Sinnlichkeit einer Frau, denn es gibt gerade unter den charismatischen Erotikerinnen höchst introvertierte Frauen, die ganz allgemein ihre Gefühle nicht nach außen bringen können, während andererseits schauspielerisch Begabte fähig sind, das Vorhandene mit verschiedenen Elementen des ‚süßen Schmerzes' anzureichern. Freilich muß in diesem Zusammenhang erwähnt werden, daß Imitationen verschiedener Kategorie, da sie doch recht medienwirksam sind, kommerziell ausgenützt werden; professionelle Sex-Simulanten (‚mal eben stöhnen gehen') leisten Kehlkopfarbeit mit Studio-Gekeuche.

Abschließend sei vermerkt, daß weibliche Liebeslaute nicht unbedingt orgasmusspezifisch sind. Liebestalentierte können schon im Moment der Vereinigung jene jauchzend-seufzenden Töne erfüllter Lust ausstoßen. Da bei der Frau zwischen orgastischen Reaktionen und Reaktionen auf hohem Lustniveau wenig Unterschiede erkennbar sind, sondern eher fließende Übergänge die weibliche Erogeneität charakterisieren, können ihre Lustbekundungen in verschiedenen Modulationen den ganzen Liebesakt begleiten.

Das breite Spektrum der weiblichen Liebesfähigkeit

Die Darlegungen gehen nun, insbesondere wenn sie Vorgänge im Schoßinneren vergegenwärtigen sollen, ins Detail, und deshalb werden verschiedene Fachausdrücke, von denen die meisten auch im Anhang erklärt werden, hier ergänzend noch in dem Zusammenhang erläutert, der im folgenden von Bedeutung ist. Vorweg also ein kleines Seminar über die Fachbegriffe, die die Anatomie der Liebesorgane betrifft:

– Die Topographie (griech. topos: Ort) beschreibt die gegenseitigen Lageverhältnisse der Organe.

– Der Fornix vaginae heißt zu deutsch Scheidengewölbe oder Scheidenbogen oder Scheidentiefe oder Scheidengrund; gehört zum inneren Scheidendrittel. Der Teil der Scheide, der nach oben als ringförmiges und blindsackähnliches Gebilde über den Muttermund hinaufreicht, ist also der fornikale. (Der Muttermund ist die Öffnung jenes Teiles der Gebärmutter, der in die Scheide hineinragt: Portio vaginalis uteri.)

– Beim Scheidengewölbe (Fornix) unterscheidet man einen vorderen und einen etwas tieferen bzw. hinteren Teil. Da die Bezeichnungen „vorne“, „hinten“, „oben“ und „unten“ doppeldeutig sein können, je nachdem, ob man sich den Menschen liegend oder stehend vorstellt, benötigt man topographische Bezeichnungen, die lageunabhängig sind. Lageunabhängige Bezeichnungen für die Scheide sind: „außen“ – „innen“;

- ventral = auf die Vorderseite des Körpers gerichtet, bauchwärts;
- dorsal = auf den Rücken zu, rückseitig;

- kranial = oben;
- kaudal = unten.

Für die Beschreibung der vaginalen Lageverhältnisse sind die Bezeichnungen bedeutungsgleich: innen = kranial; außen = kaudal.

Das Scheidengewölbe liegt also im kranialen (inneren) Teil der Scheide, während das kaudale (äußere) Drittel der Scheide in

- Scheidenvorhof (Vestibulum),
- Scheideneingang oder -pforte (Introitus vaginae),
- Scheidenmund (Ostium vaginae) übergeht.
- Die medio-vaginale Zone liegt zwischen der fornikalen (inneren) und vestibulären (äußeren) Zone.

Die Position des Phallus (Rute; Penis) in der Vagina kennzeichne ich durch folgende Bezeichnungen:

- „flach" = vestibulär = äußeres Drittel = kaudal;
- „tief" = fornikal = innen = kranial;
- medio-vaginal = in Scheidenmitte.
- Glans-Fornix-Kontakt bzw. Fornix-Glans-Kontakt nenne ich das Zusammenspiel des Scheidenbogens mit der Ruteneichel – das tiefe Sich-Finden im innersten Schoßkontakt. (Der Vorgang der Adaption während des tiefen Scheiden-Rutenspiels ist sicher mit dem Begriff Kontakt viel zu technisch ausgedrückt, aber dieser terminologische Notstand ist noch der geringste.)

Durch das konvulsivische und anschmiegsame Pulsieren des Scheidengrundes wird die Blutfülle der

- Eichel (Glans penis) erhöht, so daß der
- Eichelrand (Corona glandis) den
- Eichelhals oder die Ringfurche (Collum glandis) wulstartig überragt.
- Glans penis und
- Corona glandis bilden die glockenförmige Verdickung des zwischen den zwei Rutenschwellkörpern gelegenen Harnröhrenschwellkörpers am freien Rutenende, die Phallus-

krone oder Peniskopf oder Rutenkopf (Caput penis) genannt werden.

Bei starker Erregung des Mannes und heftigen Gegenäußerungen der Frau kann die Glans penis, vor allem deren wulstartiger Rand, eine zusätzliche Anschwellung erfahren, die sich erst im Schoßkontakt ausbildet. Diese Volumenzunahme des Rutenkopf-Schwellkörpers ist bei Männern unterschiedlich stark entwickelt. Die Innigkeit der Vereinigung sowie die Fähigkeit des Mannes, die weiblichen Lustwellen über längere Zeit ‚auszuhalten', sind dafür wesentlich mitbestimmende Faktoren.

– Motilität ist die Gesamtheit der unwillkürlichen Bewegungsvorgänge, die somit reflektorisch oder vegetativ gesteuert werden. Die dazugehörige (vegetative) Muskulatur heißt die glatte, weil ihre Gewebestruktur keine Querstreifen hat, während die willkürliche Muskulatur solche besitzt und deswegen die quergestreifte genannt wird. Im Gegensatz zur Motilität sind unter

– Motorik solche Bewegungsvorgänge zu verstehen, die willkürlich zustande kommen, die also vom Bewußtsein gesteuert werden.

Wenn die Frau ‚will'

Das erotische Empfindungsvermögen entwickelt sich bei der Frau in der Anfangsphase der Erregung, wenn es seelisch einigermaßen stimmt, mindestens ebenso schnell und intensiv wie beim Mann.

Manchmal übertreffen die weiblichen Initialgefühle die männlichen erheblich, entsprechend der uralten, schon von Ovid geäußerten Meinung, daß das Lustbegehren der Frau dem des Mannes weit überlegen sei.

Trotzdem begegnen wir auf Schritt und Tritt bis zum

heutigen Tag den teils wissenschaftlich-aufklärerisch, teils penetrant populär aufgemachten Belehrungen, daß es umgekehrt sei. Sie sind freilich nur den Sex-Labor-Experimenten nachgebetet, und zwar von Leuten, die sich nicht die Mühe machen, Flair für die erotisch verhüllte Reagibilität der Frau zu entwickeln. Nein, man darf sich hier nicht mit untauglichen Masters/Johnson-Nachgebeten zufrieden geben, die bestenfalls krankhaften Fällen etwas nützen können. Man muß sich vielmehr gerade hier, da bei der Frau alles kaschiert ist und sein muß, schon ein bißchen mehr bemühen und subtil beobachten, wozu man weder Sexualforscher, Sex-Laborant, Psychotherapeut, Arzt noch etwas sonstig Professionelles sein muß, sondern einfach ein Mensch mit Ahnungsvermögen.

Die möglichen physiologischen Hingabe-Lustäußerungen der Frau sind erstens: Feuchtwerden; Lusttröpfchen; Naßwerden (Lubrikation; Libidosekretion). Ferner das Öffnen der Vulva und des Scheidenmundes, aber sehr oft unter gleichzeitigem spasmodischem Zusammenziehen des äußeren Vaginaldrittels, was dann sehr oft fälschlicherweise als ‚Verkrampfung' ausgelegt wird. Damit ist schon angedeutet, daß es noch weitere Bereitschaftsreaktionen gibt: Steigerung des vaginalen Schwellungs- und Spannungszustandes durch Blutfülle im gesamten Beckenbereich, vaginales Vibrieren sowie eine allgemeine Steigerung der inneren Bewegungsvorgänge.

Zunächst noch einiges zum Feuchtwerden: Masters/Johnson bezeichnen dies als „vaginal lubrication" und sprechen beim Naßwerden der Scheide davon, daß „diese Tröpfchen", die überall auf den Scheidenfalten erscheinen würden, „wie die Schweißtropfen auf der Stirn" (17) aussehen würden. Überblickt man das einschlägig Verlautbarte, könnte man meinen, das Schlüpfrigwerden der Vulva sei das einzige Pendant zur Erektion. Das trifft aber nicht zu, was ich verschiedentlich begründe. Gerade in den heute gängigen

„Schemata der Sexualfunktion", wie man das so schön nennt, geht man in der Tat nach Schema-F vor und verbreitet halbrichtig, nur Scheidentrockenheit sei das Pendant zum Erektionsmangel. Ja, wenn man nichts vom Scheideninneren weiß. Aber die rechte Hingabelust beginnt oft erst, wenn sich ‚innen was rührt', kein ‚Sitzfleisch' mehr da ist ...

Und da kann sich eine vermeintliche vaginale Scheintrockenheit ergeben. Wenn nämlich durch erotisiertes Füllen der Schwellkörper, die am Scheideneingang liegen und die Scheidenpforte – ganz normalerweise! – eng machen können, wenn durch diese prallen Vorhofzwiebeln die Ausführungsgänge der Drüsen, die am Scheidenmund liegen und Lusttropfen absondern, zusammengedrückt, womöglich ganz abgeschnürt werden. „Vermeintliche Scheidentrockenheit" sage ich, weil die Frau innen, im Scheidengewölbe, sehr wohl feucht sein kann, gerade dann, wenn bei starker Anfangserregung, bedingt durch Kontraktionen im äußeren Vaginaldrittel, sich das Sekret im inneren Vaginaldrittel staut.

Die weibliche Libidoabsonderung hat ein recht sinngemäßes Gegenstück: die männliche, das Erscheinen der Lusttröpfchen am Rutenkopf. Man sieht das insofern nicht, als bei vollständiger Erektion, aber nur dann, wegen der Harnröhrensperre, die durch die Füllung der Ruten-Schwellkörper bedingt ist, der Libidosaft nicht durchkommt. Tatsächlich aber beginnt die männliche Libidosekretion schon vor der Erektion, also wenn das erotische Empfinden des Mannes beginnt. Man sieht, schon von diesem Standpunkt aus, wie normal eine Minderung der Gliedsteife während des Koitus sein kann, denn sie ermöglicht ja wieder den Durchtritt des Sekrets, wodurch dann die Gleitsubstanz in der Vagina vermehrt wird. Dazu paßt, daß im Falle unverrichteter Dinge die verräterischen Lusttröpfchen erst erscheinen, wenn der Große kleiner wird.

Das Öffnen des Scheidenmundes (keine obligate Reaktion) bei aufnahmewilligem Schoß geschieht durch Blutfülle an der Basis der Schamlippen sowie durch Kontraktionen der Vaginalmuskulatur; andererseits kann aber auch durch diese Reaktionen eine mögliche Enge im äußeren Vaginaldrittel verstärkt werden. Sie ist jedoch nur scheinbar eine vaginistische, d. h., daß kein Scheidenkrampf vorliegt.

Unsichtbar sind, naturgemäß, recht wichtige weibliche Bereitschaftsreaktionen, nämlich das Anlaufen der vom Willen kaum beeinflußbaren Bewegungsvorgänge an den elastischen Scheidenwänden sowie die erhöhte Tätigkeit der Beckenbogenmuskulatur.

Sie sind zusammen mit einer allgemeinen Steigerung der Schoßmotilitäten die Anzeichen erhöhter An- und Aufnahmefähigkeit des weiblichen Liebesorgans, also Ausdruck phallusverliebter Aufnahmelust.

Die wichtigsten Hingabereflexe finden somit hinter der Scheidenpforte statt, und sie sind die eigentlichen Pendants zur Penisaufrichtung.

Was spielt sich im Schoßinneren ab?

Ein weiteres, eigentlich *das* sinngemäße Gegenstück zur Erektion, dem Anschwellen der Ruten-Bluträume, ist die Auffüllung der entsprechenden weiblichen Schwellkörper, die Zunahme des Schwellungszustandes der Vaginalwände (vaginaler Turgor) sowie das Auftreten eines, wie erwähnt, außergewöhnlichen Blutreichtums (Vasokongestion; Hyperaemie) im ganzen Becken.

Durch die zirkulatorischen (vom Blutkreislauf geleisteten) Anlaufreaktionen wird die Frau in den Zustand erhöhter Beckenvasokongestion und Motilität versetzt, ein Zustand, der durch maximale Saft- und Blutfülle gekennzeichnet ist. Trotzdem hat die Frau dabei nicht so sehr das für den Mann so typische Dranggefühl, das unbedingt auf Endlust ausgerichtete Verlangen. Bei der Frau ist dies alles fluktuierender, wogender, fast möchte ich sagen milder, und dennoch liegt hier, was die Kreislauf-Verhältnisse betrifft, eine tiefgreifende und ausgedehnte Reaktionskette vor.

Beim Mann ist das Resultat dieser zirkulatorischen Vorgänge eine Zunahme des Stabilen (Versteifung und Aufrichtung); bei der Frau hingegen bewirken sie eine Zunahme des Rhythmischen, der vaginalen unwillkürlichen Bewegungsvorgänge, der fornikalen (im inneren Vaginaldrittel) Empfindungswellen. Und das ‚Anlaufen' dieser konvulsivischen Reagibilität fördert die Ausbildung der vibrierenden spasmodischen Exkavation (Erweiterung, Aushöhlung) des Scheidengewölbes. Diese Erweiterung des inneren (fornikalen) Scheidendrittels ist aber das Gegenteil einer stabilisierten Reaktion, vielmehr die Resultante von scheinbar gegeneinander gerichteten Bewegungsvorgängen, von Spasmen und Relaxationen.

Liebevoll mit der Entfesselung einer entflammten Nymphe verglichen, ist das Crescendo der reflektorischen kinetischen Reaktionen, der Vibrationen und Oszillationen (oszillum = Schaukel) im verborgenen Teil des weiblichen Liebesorgans, sozusagen der zweite Teil derjenigen Vorgänge, die Ausdruck erotischer Vorfreude sind. Und es ist unverkennbar, wie diese ‚anlaufenden' Rhythmen schon den orgastischen Erscheinungsbildern ähneln.

Weibliche Ängste

Auch bei Frauen gibt es Funktionsängste, die allerdings schwieriger zu erkennen und leichter zu tarnen sind als die männlichen.

Die Geschichte vom Vaginismus, die gerne erzählt wird, stiftet viel Verwirrung, denn Vaginismus (Scheidenkrampf) ist als tatsächlich krankhaftes Geschehen eine ausgesprochene Seltenheit und nur von akademischem Interesse. In Wirklichkeit handelt es sich in den meisten Fällen, in denen von Vaginismus gesprochen wird, um Fehldiagnosen, weil eine erhöhte Scheidenmotilität und -enge absolut kein krankhaftes Symptom sein muß (wie erwähnt), sondern vielmehr die Liebesbereitschaft vaginalaktiver Frauen signalisiert.

Es ist also in diesen Fällen häufig so, daß gerade Frauen, die schoßaktiv sind, viel öfter in der Richtung Befürchtungen haben, wenn auch oft uneingestandene. Es wird immer noch mehr als angemessen von Scheidenkrampf und Scheidenenge geredet, und man empfiehlt ‚Entspannungsübungen', bis der armen ‚Patientin' schließlich alle Gefühle vergehen, weil man nicht weiß, daß es sich hier lediglich um die Besitzerin eines höchst liebeslustigen, aufnahmewilligen Schoßes handelt.

Werden die weiblichen Bereitschafts- und Hingabereaktionen richtig interpretiert, erscheint es ganz normal, daß die unwillkürlichen intravaginalen Bewegungsvorgänge, die sich ja gerade bei erotisch aktiven Frauen schon vor dem Koitus steigern, zur Schoßenge führen.

Durch die Tätigkeit der perivaginalen Muskeln, die sich gerade in Erwartung des ‚Eindringlings' heftig kontrahieren können und dadurch eine Drosselung der Genitalsekrete herbeiführen, entsteht jene Form weiblicher Vollzugsangst, die von der irreführenden Legende stammt, Lubrikation sei die einzige Bereitschaftsreaktion. Sie besteht in der Befürchtung, zu ‚trocken' zu sein.

‚Scheidentrockenheit? Beseitigung der Trockenheit am Scheideneingang durch glycerinhaltiges Feuchtigkeits-Gel' – so lautet die Werbung. So einfach hat man's heute. Und es finden sich selbstverständlich Sexualkapazitäten, die für die Indikation auch gleich einen ehrfurchtgebietenden Namen parat haben: ‚Lubricatio deficiens'. Nun, die meisten Frauen sagen, daß es wohl im Moment sehr angenehm gleitfähig mache, geruch- und reizlos sei, aber daß es schon nach relativ kurzer Zeit, wenn man also nicht gleich zur Tat schreitet, in die Schleimhaut eindringt und dann nicht mehr hilft oder daß es klebrig wird. Aber es gibt auch einige psychologische Widerstände. Weil die Gleitfähigkeit nicht lange anhält, scheuen die Frauen während der Zärtlichkeit den Griff zum Hilfsmittel, empfinden dies mehr oder weniger peinlich, wollen sich, wie der Mann bei seinen Schwierigkeiten, nicht den Hauch einer Blöße geben. Und es gibt möglicherweise noch einen anderen Grund: Frauen empfinden den Feuchtigkeitsmangel gar nicht so sehr, wollen aus ihren erotischen Gefühlen, die innerlich ja weiterhin da sind, gar nicht durch technische Manipulationen herausgerissen werden. Jedenfalls kann aus dem Ganzen eine ziemliche psychologische Unterbewertung der hier zur Diskussion stehenden Vorgänge herausgelesen werden. Sicher ist es aber ein Ignorieren der viel wichtigeren inneren weiblichen Bereitschaftsreaktionen.

Eine gewisse Rolle, vielleicht sogar eine größere, spielen diese Dinge, und das will ich anfügen, wenn beispielsweise ‚sie' sehr anfangsverliebt ist und ‚ihm' zeigen will, wie sehr sie ‚sexy' sei.

Obwohl sich der Ausfall der weiblichen physischen Bereitschaftsreaktionen im allgemeinen viel weniger koitushinderlich auswirkt, als wenn das Entsprechende männlicherseits ausfällt, sind diese Befürchtungen besonders dann anzutreffen, wenn die Partnerschaft ideal ist. Gerade im Zusammensein mit einem sehr geliebten Partner, der fähig und willens ist, die erotischen Potentiale der Frau voll auszuschöpfen, kann es auch intrakoital geschehen, daß die Frau nach einer gewissen Kohabitationsdauer nicht nur am Scheideneingang, sondern auch in Scheidenmitte trocken und eng wird. Die logische Empfehlung für den Mann kann deshalb nur sein: draufgängerisches, tiefes, wenngleich gewandtes phallisches Stimulieren. Da die liebeswillige Frau im Scheidengrund länger naß und weit bleibt, geschieht das Öffnen und Befeuchten in diesem Fall eben in umgekehrter Richtung.

Erotikerinnen sind darüber hin und wieder gar nicht böse, mögen's eher mal so. Und auch für den Mann kann dies ganz animierend sein, wenn sein Organ schon gleich an der Pforte mit großer Umarmung empfangen wird; wenn die Haut-Duplikatur des Präputium im Engpaß vollständig zurückgestreift und die Glans penis blank gestrichen wird. Das ist eine Variation des schönen Penetrationsreizes.

Es gibt sehr viele Frauen, vor allem Nulliparae (Frauen, die noch nicht geboren haben), die über eine prompt einsetzende reflektorisch-muskuläre Reagibilität auf Berührungen am Scheidenmund und -vorhof verfügen. Taktile Reize aller Art, aber auch psychische Einflüsse verschiedenster Ursache rufen spasmodische Reaktionen am Scheideneingang hervor, und es kommt gleichzeitig zur Erhöhung der reflektorischen Beweglichkeit der Scheidenwände sowie zu einer oszillierenden Erweiterung des Scheidenbogens. Die häufig dabei gestellte Selbst- und Fremddiagnose ‚Verkrampfungen' ist meistens, wie gesagt, falsch; ebenso verrät das voreilige, halb scherzhafte, halb überhebliche Titulieren mit ‚Gallina spastica' das Mangelwissen von der Fähigkeit der Scheide, auf Reize, die die Vaginalwände treffen, kinetisch-elastisch zu reagieren.

Sachgerecht ist vielmehr der Hinweis, daß es sich möglicherweise um normale, nur durch verschiedene negative Einflüsse als überreizt erscheinende Vorgänge handelt, und ebenso richtig ist die Erklärung, daß all diese Reaktionen ebenso gut Ausdruck prompter Reaktionsfähigkeit, ja starker sexueller Energie sein können. Die Unsicherheit in diesen Dingen ist manchmal so groß, daß Patientinnen (die ja eigentlich keine sind) oft solch beruhigende Erklärungen einfach nicht annehmen wollen, besonders, wenn das Erlebnis mißlungener Kohabitationsversuche (womöglich mit einem besonders ersehnten Partner) dahintersteckt. „Seltsam, ich will", sagen sie dann, „und doch habe ich das Gefühl, es geht nicht, weil ich so verkrampft bin."

Dies sind also die kleinen inneren Potenzprobleme der Frau, und sie würden viel mehr ins Gerede kommen, wenn sie sich nicht – wie alles Wesentliche an der weiblichen Sexualität – meist hinter den Kulissen abspielen würden.

Und schließlich das fachliche Eingeständnis, daß hier die Grenze zwischen vegetativen Fehlsteuerungen und normalen Vorgängen nicht selten nur schwer zu ziehen ist.

Die Aktivitäten des weiblichen Liebesorgans

Um an der Intensivierung der Friktionen aktiv mitzuwirken, ist das weibliche Liebesorgan von der Natur in hervorragender Weise dafür ausgestattet worden. Nicht von den durch Hüftrotationen bedingten Schoßaktivitäten, von denen jedermann weiß, ist hier die Rede, sondern von den sich in der Vagina abspielenden Reizsummationseffekten.

Die direkten wechselseitigen Stimulationseffekte der Organe, die während der Kohabitation stattfinden, sind naturgemäß in allen Proportionen schwer abschätzbar, aber eines ist sicher: Die direkten Mini-Reize des weiblichen Organs auf das männliche sind mindestens so anregend wie umgekehrt. Die sehr subtilen weiblichen Erotisierungseffekte, die die Phalluskrone streicheln, werden durch zwei Hauptfaktoren begünstigt: erstens durch die faltenreiche, ‚bürstige' Innenauskleidung der Scheidenwände und zweitens, was unter anderem Aspekt schon gesagt wurde, durch die Erhöhung der kinetisch-dynamischen Impulse, die Intensivierung der Bewegungsvorgänge an den elastischen Scheidenwänden, die in der Hauptsache unwillkürlich gesteuert werden.

Vom Scheidenmund bis zum Scheidengrund verlaufen Längswülste, auch vorspringende Faltenreihen genannt, die eine riefelig-faltenreiche Oberfläche haben. Die ganze Innenauskleidung der Vagina gleicht einer Rauhfasertapete, und über den Columnae vaginales, wie die anatomische Fachbezeichnung für die Längswülste heißt, hat die Oberfläche ein besonders bürstenähnliches Aussehen. Die längs verlaufenden Vorwölbungen bestehen nämlich aus hintereinander angeordneten, quer verlaufenden Kämmen, den Rugae vaginales (Falten, Runzeln). Die kräftige Runzelung, deren Gegenstück übrigens die Faltenbildung an der Vorhaut des Mannes ist, intensiviert die Berührungsreize an der Glans penis (Eichel), wenn diese über die Längswülste streicht. Von der Natur werden in unnachahmlicher Form optimale physische Erotisierungsbedingungen angeboten, und zwar, wie Prof. Richard Huber, Leiter einer Freiburger Frauenklinik, so treffend formuliert, „durch eine im wörtlichen Sinn viel-‚fältige' Oberflächenvergrößerung an den reziproken hochsensiblen Berührungsflächen der Kopulationsorgane" (7, 8).

Die Füllung der perivaginalen Schwellkörper sowie die allgemeine Vasokongestion erhöht bei zunehmender Erotisierung naturgemäß die pralle Beschaffenheit der Längswülste. So kann eine aktive Vagina beispielsweise einen Penis, der gerade ein bißchen müde geworden ist, insbesondere bei vaginaler Lumenverengerung, gar über Wasser halten. Andererseits, und dies erklärt die Scheu so mancher Männer vor sexaktiven Frauen, erhöht die vaginalaktive Frau die Friktionsreize am Rutenkopf derart, daß dadurch beim Mann unter Umständen vorschnell das Ende eingeläutet wird.

Noch mehr werden diese Reibungseffekte durch die ortsständigen und propulsiven Bewegungsimpulse in der Vagina erhöht. Der vaginale Motilitätsgrad wird naturgemäß in erster Linie von der reflektorisch gesteuerten Vaginalmuskulatur, aber natürlich auch bis zu einem gewissen Grad von der willkürlichen Beckenbodenmuskulatur beeinflußt.

Man kann die Vagina auch als eine Art hochelastischen Hohlmuskel auffassen, der die Reibung zwischen der Vorhaut, der Glans penis und dem mittleren Teil des Rutenschaftes durch die Scheidenrunzeln und Scheidenfalten noch einmal zusätzlich erheblich intensiviert. Dieser vaginale Hohlmuskel umschlingt dann den Penis schon bei den vorgastischen Kontraktionen und naturgemäß erst recht bei den Orgasmen. Das griechische Wort orgao heißt zu deutsch: ich schwelle an. Und Orgasmus könnte man frei auch mit ‚strotzende Fülle' übersetzen. Diese Bezeichnung entspricht am ehesten speziell den weiblichen Lustreaktionen, und zwar allen (vergleiche auch das unter ‚diffuser Orgasmie' Gesagte)

Die Motilität der Vagina sowie die motorisch-kinetischen Impulse bewirken eine erstaunliche Volumenanpassungsfähigkeit des weiblichen Liebesorgans, und seine Ausdehnungs- bzw. Kontraktionspotentiale sind derart, daß die Vorstellung erlaubt ist, daß der eben von der Vagina aufgenommene Penis, der Eindringling, von der aufnahmewilligen Vagina richtiggehend umfaßt, umschlossen wird. Die Fähigkeit zur Volumenanpassung sollte andererseits auch ein Hinweis dafür sein, wie unbegründet alle Befürchtungen bezüglich des Penisvolumens bzw. der Penisgröße sind. Wenn das Liebesorgan der Frau in Fahrt ist, paßt es sich schnell allen Größen an, auch den kleinsten.

Die Vagina ist für ihre Funktion, den vaginal-phallischen Kontakt zu optimieren, vorzüglich ausgestattet. Schon in der äußeren, dicht bindegewebigen Schicht, dem Paracolpium, befinden sich glatte Muskelfasern, die für das Zustandekommen der unwillkürlichen Reaktionen verantwortlich sind. Die mittlere Schicht der Scheidenwände, die Tunica muscularis, besteht aus spiralenförmig und längsgerichteten, sich mehrmals kreuzenden Bündeln glatter Muskulatur. Dies erklärt das erstaunliche Ausdehnungs- bzw. Kontraktionspotential der Vagina, das Geburtshelfern wohlbekannt ist: die Fähigkeit der Vagina, sich beim Durchtritt des Kindes maximal auszudehnen und sich unmittelbar nach der Geburt in Sekundenschnelle wieder zusammenzuziehen. Und es ist in diesem Zusammenhang auch interessant, daß die Physiologie der Wehentätigkeit derjenigen der Orgasmen bzw. der Vororgasmen aufs Haar gleicht. Dazu paßt die Beobachtung, daß die Frau in der erotischen Ekstase viel schmerzunempfindlicher ist als sonst.

Die unwillkürlichen Bewegungsvorgänge werden in der Hauptsache von der sogenannten glatten (vegetativen) Muskulatur besorgt, und diese Muskulatur ist naturgemäß einem vom Willen gesteuerten Training nicht zugänglich, aber die eben beschriebenen Reaktionen, die größtenteils reflektorisch zustande kommen, werden durch die Tätigkeit der willkürlichen Beckenbodenmuskulatur sinnvoll unterstützt. Durch die Tätigkeit der Scheidenmuskeln, die als „Zusammenzieher“ (Constrictor) und „Verschließer“ (Sphincter vaginae) fungieren, vermag sich die Vagina „durch willkürliche Kontraktionen bei der Kohabitation dem Glied enger anzuschmiegen und die Friktionen zu steigern“ (A. Kiesselbach, K. A. Rosenbauer, 13).

Nach Operationen wegen Scheidensenkung bzw. -vorfall (Deszensus; Prolaps) wird beispielsweise die systematische Beckenbodengymnastik als Nachbehandlung empfohlen, und Ähnliches geschieht, wenn durch willkürliche Muskelbewegungen die reflektorischen Kontraktionen im inneren Genitale der Frau unterstützt werden.

Die kinetische vaginale Aktivität kommt außerdem bei den Ausspritzungen üppiger weiblicher Sekretionen, die, wie gesagt, auch orgasmuslos geschehen können, zum Ausdruck.

Der Descensus vaginae (Tiefertreten, Senkung) ist nur als klinisches Symptom bekannt, nicht aber als sexualphysiologisches. Bei manchen Wollustwellen drängen die Scheidenwände nach unten und außen, und schon die vororgastischen Scheidenpulsationen können bei einer in erotischer Verve befindlichen Frau so intensiv sein, daß der Phallus quasi hinausgedrängt, um nicht zu sagen *ante portas* befördert wird.

Dieses vibrierende Senken und Hinausdrängen des angeschwollenen weiblichen Liebesorgans kann so stark sein, daß zaghafte Männer, dies fehldeutend, den Koitus abbrechen, weil sie irrtümlicherweise einen Scheidenkrampf vermuten oder annehmen, hier nicht penetrieren zu können. Tatsächlich aber kommt der Schoß durch die reflektorisch und willkürlich bedingte oszillierende Lumenverengung und das Tiefertreten des inneren Scheidendrittels dem Phallus sozusagen entgegen.

Die unmittelbaren Streicheleffekte des weiblichen Sexualorgans, die den Frauen meist gar nicht so recht bewußt werden und die von Männern, die das naturgemäß intrakoital gar nicht so recht wahrnehmen können, unterschätzt werden, sind eigentlich, wenn man es einmal andersherum sieht, eine Luxuskomponente, da sie keine obligate Vorbedingung für die Vereinigung sind, wenn sie auch in subtiler Weise das Zusammensein fördern.

Die weiblichen Koitusbewegungen und Hüftrotationen, deren tänzerische Darstellung man sehr treffend als „getanzte Wollust" und „konvulsivischen Tanz" (3) bezeichnet hat, haben mithin ihre innere Ergänzung: das innere Tremolo, wie ich es nenne. Mit den Pulsationen des vibrierend-flottierenden Schoßes kann die Frau ohne merkliche Hüftrotationen den kaum phallische Bewegungen ausführenden Mann sozusagen innerlich streicheln. Ich muß noch einmal bemerken, daß dieses innere Tremolo den Frauen gar nicht bewußt wird, was sich mit der von Richard Huber getroffenen Feststellung deckt, daß die Bewegungen der Vaginalmuskulatur „wegen ihrer ... Subtilität weder von der Frau selbst noch vom Sexualpartner ... direkt wahrgenommen werden" (9).

Da der gesamte weibliche Reaktionszyklus von kinetischen Faktoren, die sich in ihrem Motilitätsgrad nur wenig unterscheiden, beeinflußt wird, ist die Frau auch sozusagen bei niederem Wellengang sexuell irgendwie zufriedengestellt – nur: etwas Wellengang muß schon sein. Natürlich gehört auch das Gegenteil, nämlich Schoß-Flaute, zum diesbezüglichen Erscheinungsbild.

Ich möchte diesen Feststellungen die Bemerkung anfügen, daß man dann, wenn man jene Aspekte berücksichtigt, die das Schoßinnere betreffen, tatsächlich wegkommt vom einseitig phalluszentrierten Denken. Femininzentriertes Denken berücksichtigt in erster Linie diese schoßinneren Vorgänge. Aber bezeichnenderweise wird diese spezifisch weibliche Aktivität besonders von denen verleugnet, die an der Endlosdiskussion um ‚die Geschlechtsrollen' teilnehmen. Es scheint, als wäre für sie schon die bloße Vorstellung von einer aktiven Vagina ein Alptraum. Man müßte ja völlig umdenken und am Ende die Frage stellen: Unterjocht etwa die Frau mit ihrer aktiven Vagina den Mann?

Nun, um alles andere als solches geht es mir hier. Bemerkenswert ist nur, daß Frau Prof. Melitta Mitscherlich in einer psychoanalytischen Studie (allerdings in Zusammenhang mit einer Kritik an Freud) feststellt, daß „die Verleugnung der Vagina" auf eine „Verwechslung von biologischen und sozio-kulturellen Gegebenheiten" zurückzuführen ist; sie verweist darauf, „daß die fehlende Repräsentanz damit zusammenhängt, daß die Vagina nicht sichtbar ist, also nicht sichtbar und erfahrbar für das männliche Kind ist . . . Für das weibliche Kind läßt sich wohl sagen, daß es darum weiß, eine Vagina zu haben. Die Vaginal-Onanie scheint nicht so selten zu sein, wie man annimmt. Es ist auch nicht einzusehen, warum das Mädchen einen Teil seines Körpers nicht erleben und fühlen sollte." (21)

So können Symptome des weiblichen Orgasmus sein

Wenn wir von dem bisher bekannt Gewordenen ausgehen, gibt es keine sicher objektivierbaren, sondern nur ein Spektrum möglicher Orgasmussymptome – und subjektive Angaben der Frau dazu.

Vieles, das jetzt besprochen wird, habe ich als Orgasmusunterschiede analysiert. Und auch als gefragt wurde: „Weibliche Orgasmie – was ist das eigentlich?“, wurde in dieser Richtung weitergeforscht. Die noch mehr detaillierte und anders zusammengestellte Auswertung dieser Ergebnisse zeigt, daß man diese so variablen Phänomene, soll es angemessen zugehen, überhaupt nicht lehrbuchmäßig eingeteilt abhandeln kann, sondern unter verschiedenen Gesichtspunkten und mit notwendigen Überschneidungen, was ich zur Methode noch einmal anfügen muß. Wobei ich freilich gleich eingestehe, daß von meiner Seite weder eine präzise ‚Diagnose‘ noch eine endgültige Definition zu erwarten ist.

Masters/Johnson haben nichtsdestoweniger eine Art ‚Diagnosestellung‘ betrieben, die ich für recht anfechtbar halte. Sie rechnen dazu erstens eine angeblich orgasmusspezifische Brustwarzenhofreaktion und zweitens die Kontraktionen in der „orgastischen Manschette“ (17).

Bevor ich darauf etwas näher eingehe, will ich bemerken, daß William H. Masters und Virginia E. Johnson Untersuchungsdaten zur Verfügung gestellt haben, und zwar zur Diskussion. Studiert man nämlich die sehr selbstkritischen Bemerkungen der genannten Autoren zu ihren eigenen Methoden ganz genau, kann man einfach nicht übersehen, daß sie selbst ihre Arbeit nur als den Anfang bzw. die Grundlage einer Art von Sexualphysiologie ansehen. Daraus unumstößliche Evangelien zu machen, wie es mancherorts geschieht, ist sicher nicht in ihrem Sinne. Es ist vielmehr an der Zeit, daß diese Daten durch differenziertere Beobachtungen ergänzt, spezifiziert und damit weitergeführt werden.

Und nun zur Brustwarzenhofreaktion. Sie ist nicht orgasmustypisch: ein kalter Nordwind kann dasselbe verursachen.

Das Anschwellen der Brustknospen und das gleichzeitige Abschwellen und Runzeligwerden des Brustwarzenhofes (Areola mammae) können auch ohne jede Sexualisierung zustandekommen.

Sie können es selbst nachprüfen: Allein schon ein Temperaturwechsel von warm auf kalt kann dieselben Reaktionen auslösen. Was hier als orgasmustypisch ‚diagnostiziert' wird, passiert auch in ganz ähnlicher Weise beispielsweise beim Entkleiden oder auch durch völlig asexuelle taktile Reize. Es ist also eben kein ‚Tip zur Orgasmuskontrolle', wie sich das Ganze populärpublizistisch anhört. Erwähnenswert ist in diesem Zusammenhang lediglich etwas anderes, nämlich daß – konstitutionell gesehen – möglicherweise, aber nur möglicherweise, eine gewisse Relation zwischen der Mamillen-Erektionsfähigkeit und der erotischen Ansprechbarkeit schlechthin besteht.

Was die Kontraktionen in der „orgastischen Manschette" anlangt, so ist dies sicherlich ein Teil der allgemeinen Motilitätssteigerung im gesamten Beckenbereich der Frau. Aber weder die Vasokongestion noch die Erhöhung des Motilitätsgrades ist bei Höhenreaktionen auf das äußere Vaginaldrittel beschränkt. Ich habe schon einmal gesagt, daß man sich die Ausbuchtung des Scheidengewölbes (fornikale Exkavation), die Masters/Johnson nicht sachgerecht „Zeltphänomen" (19) nennen, nicht etwa aufgrund dieser irreführenden Bezeichnung als ein statisches Phänomen vorstellen darf. Die Reaktionen haben vielmehr teils konstriktiven, teils extendierenden Charakter, das heißt, pulsierende Zusammenziehungen wechseln mit Ausdehnungsreflexen, die zur Scheidenweitung führen. Es ist m. E. auch nicht berechtigt, die beschriebenen Vorgänge schlechtweg nur der sogenannten Plateauphase zuzurechnen. Sie können in der beschriebenen Weise in jeder Phase der Erotisierung auftreten, also auch während der Orgasmen.

Die eben erwähnten Mamillen- bzw. Brustwarzenreaktionen sowie die Kontraktionen im äußeren Scheidendrittel können mithin bestenfalls als zwei von vielen möglichen Symptomen gelten.

Die hauptsächlichen Orgasmusreaktionen, die ja irgendwie den ganzen Organismus erfassen, beginnen vielmehr im Schoßinneren und spielen sich auch dort ab. Im Leibesinneren sind orgastische Schwingungen zugleich mit alternierenden Reaktionen am inneren Genitale, vor allem am Uterus, in Form von wehenähnlichen Kontraktionen erkennbar. Überdies erhöht sich die schon bei den Bereitschaftsreflexen gesteigerte Scheidenbeweglichkeit, die dynamische Reagibilität, vor allem im inneren Teil.

Kurz vor jeder Orgasmuswelle, die von der Portio (Scheidenteil der Gebärmutter) auf den Scheidenbogen (Fornix) quasi überspringt, erfolgt bei orgasmusfreudigen Frauen ein mehr oder weniger ausgeprägtes Aufbäumen, manchmal eine Art von Stehenbleiben, verschiedene Arten muskulärer Tonusvermehrungen, vielleicht auch da wieder ein kurzes Anhalten, ferner eine weitere fornikale Ausbuchtung, bis sich dann während des Orgasmus die sich brechenden Lustwellen, begleitet von einem Gefühl ‚herrlicher' Wärmeausbreitung, sozusagen vom Schoßinneren aus über das ganze Liebesorgan ausbreiten. Manchmal erfaßt das orgastische ‚Ausschütteln', der ekstatische Jubel, den ganzen Organismus.

Oder es ist: ein Vibrieren, Brechen, Überstülpen oder Ausschütteln; ein Zittern, ‚Schwimmen', Schweben, Schwanken, Oszillieren, Ausstrahlen oder Überfließen; ein Klonus (Schüttel-Wollustkrämpfe), Pochen, Pulsieren oder rhythmische Zuckungen. Am ehesten wahrnehmbar: das ‚schöne' Ein- und Zusammenbrechen der orgastischen Pulsationen und Vaginalkonvulsionen. Das vom Schoßinneren an- und abrollende Überstülpen über den ‚richtig' mitspielenden Phallus geschieht um so leichter, je kürzer die Orgasmus-Intervalle werden. Ist die Frau einmal in Verve und stimmt alles zusammen, wird das vororgastische Aufbäumen immer flacher und das Anhalten immer kürzer, und die Pulsationen sind mit einem immer enger werdenden Anschmiegen an das männliche Liebesorgan verbunden.

Befindet sich die Frau rittlings über dem Mann, kann das vaginale ‚Brechen' von einem allgemeinen ‚Zusammenbrechen' durch abrupte zuckende Bewegungen *in orgasmo* begleitet sein. Und als Ausdruck des viszeralen Aufbäumens vielleicht ein Schrei, dessen einziges Charakteristikum sein Nie-Vorhandensein im nicht-erotisierten Zustand ist.

Von Frau zu Frau ebenso wie von Fall zu Fall, also jedesmal inter- und intraindividuell, vor allem natürlich abhängig von der Gefühlslage und dem Liebesklima, können sich die Orgasmusanzeichen ändern. Das Spektrum ist groß.

Unersättlichkeit – ein Phänomen weiblicher Sexualität oder ein neues Märchen?

Das Märchen von der weiblichen Hypo-Sexualität ist tot. Ist an seine Stelle die Legende von der weiblichen Unersättlichkeit getreten?

Ins andere Extrem umgeschlagen ist die Meinung, die Frau sei hypersexuell und der Mann müsse mithin in Demutshaltung vor diesem Phänomen verharren.

Doch es liegt nur eine Fehl- und Überschätzung weiblicher Potentiale vor. Zum Teil spielen veraltete energieökonomische Vorstellungen eine Rolle, wie etwa, Sexualität dränge nach dem Dampfkesselprinzip zur ‚Abfuhr'; die Leser bemerken sicher, daß dieses psychohydraulische Modell dem männlichen Reaktionsmodell abgelesen ist. Die physiologischen Voraussetzungen sind aber bei der Frau, wie schon ausführlich abgehandelt, insofern anders, als ein Orgasmus nicht so luststillend ist wie beim Mann. Er ist auch nicht so ‚erschöpfend'.

Nicht die These, die „weibliche Sexualität" sei „ein unersättlicher physischer Trieb" – so der Verlagskommentar zu dem Buch „Die Potenz der Frau" (Mary Jane Sherfey, 23) –, ist etwa sensationell, sondern eher die Erkenntnis, daß Frauen, die unmittelbar nach dem Orgasmus weiterhin ‚können', eben dann, wie ich schrieb, diffus orgasmisch reagieren.

Deswegen hat aber die Frau nicht höhere Potentiale als der Mann, wie bereits begründet wurde, sondern nur andere. Wenn man von „50 Orgasmen" (Mary Jane Sherfey, 23) bei der Frau spricht, dann muß man diese Zahlen relativieren, denn bei Serienorgasmen sind die einzelnen diffus und nicht so ausschöpfend.

Im Wissen um die weibliche Gesamtreagibilität muß man sich vor allem von der Vorstellung lösen, nur der Orgasmus sei das Maß und Ziel aller Befriedigungsdinge. Diese Feststellung, die überraschen mag, ist jedoch geeignet, ein Verhalten zu korrigieren, das – fälschlicherweise – nur auf das Orgasmus-Ziel ausgerichtet ist. Wie ist das zu begründen?

Zur Beantwortung dieser Frage sei unter diesem Aspekt einiges vergegenwärtigt, was in anderem Zusammenhang schon angesprochen wurde.

Sicher gibt es Frauen, denen man am liebsten sagen möchte: „Bei dir hilft alles nichts, je mehr man dich liebt, um so wilder wirst du." Bei harmonierendem Liebeserlebnis erwecken sinnliche Frauen tatsächlich oft den Eindruck, als ginge alles *ad infinitum.* Durch jeden Orgasmus werden – gänzlich anders als beim Mann – die Schwellkörper erst recht hyperämisiert und das Gewebe weiter turgesziert: das Liebesorgan wird immer weicher, anschmiegsamer, sozusagen verlangender. Morphologisch betrachtet sieht es so aus, als wolle die Frau unaufhörlich lieben. Nicht selten fragen sich orgasmische Frauen insgeheim: „Bin ich noch normal, wenn ich immer wollüstiger werde?"

Allerdings ist auch in dieser Hinsicht und in diesem Zusammenhang der unübersichtliche Gestaltwandel des weiblichen Liebesorgans zu berücksichtigen, was bedeutet, daß unter Umständen ganz verschiedene Erregungszustände rein morphologisch sehr ähnlich aussehen können. Während beim Mann womöglich psychoerotische Bereitschaft ohne sichtliche Erektion („Wollen-aber-nicht-Können") besteht, kann bei der Frau das Fortbestehen physischer Erotisierungsanzeichen, etwa einer gewissen Fülle im Schoß, darüber hinwegtäuschen, daß vielleicht längst psychoerotische Zufriedenheit eingekehrt ist („Können-aber-nicht-unbedingt-noch-Wollen").

In diesem Zusammenhang interessieren folgende Fragen: Wie kann eine Höhenreaktion Orgasmus sein, wenn Steigerung und nicht Minderung der Orgasmusfreudigkeit deren Folge ist? Wie können Lustwellen zugleich luststillend und lustentfachend sein?

Ich erinnere daran, daß jede orgasmische Kulmination bei der Frau zugleich die physiologische Voraussetzung für die nächste sein kann. Das bedeutet: Je häufiger die Orgasmuswellen kommen, um so fähiger wird sie dazu („je-öfter-desto-schöner"). Ruft eine Frau voller Entzücken: „Ich könnte das immer haben", ist sie keine Nymphomanin, wie Törichte glauben, sondern eine ganz normale Frau. Daß nachorgastisch bei der Frau eine Eskalation von Hochgefühlen stattfinden kann und daß der Orgasmus Ursache nachfolgender Orgasmusschauer sein kann, erscheint so lange unwahrscheinlich, als diese weibliche Eigenart nicht zur Kenntnis genommen wird. Eher meint man im allgemeinen, daß auch die Frau erst mal durch einen Orgasmus zufriedengestellt sein muß.

Wenn wir uns einen genaueren Begriff von diesen Dingen machen, kommen wir auch weg von jenem Orgasmus-Zieldenken, das so viel Verwirrung stiftet. Denn die Tatsache des breiten Spektrums weiblicher Orgasmie erklärt ja gerade auf der anderen Seite, daß die Frau nicht unbedingt jedesmal einen Orgasmus erreichen muß. Dies mag überraschen, allerdings weniger, wenn man daran denkt, daß bei der Frau orgasmische und orgasmuslose Hochgefühle sehr ähnlich sein können. Die Meinung, jede erotische Aktion müsse mit einem Orgasmus abgeschlossen werden, stammt, wie wir wissen, aus dem männlichen Orgasmus-Erleben, und um diese stereotype Auffassung aufzulockern, betone ich noch einmal: Obwohl die Frau viele verschiedenartige orgastische Gefühle hat, ist es verfehlt, den Orgasmen die zentrale Bedeutung für die psychosexuelle Befriedigung zuzumessen. Vielmehr verleiht die multiorgastische Erlebnisfähigkeit auch dann, wenn sie nicht immer zur Verfügung steht, allen Reaktionen, selbst den orgasmuslosen, sozusagen den Status von orgastischen. Vornehmlich bei der diffus orgasmischen Frau nähern sich bei einem auf hoher Stufe stehenden Kommunikationserlebnis, wie ich schrieb, alle Reaktionen der Orgasmushöhe, so daß die Zenitreaktionen in einem – wie ich es nenne – orgiastisch-orgastischen Totalgefühl aufgehen. Viel häufiger, als sie sich dessen bewußt werden, beben und vibrieren leidenschaftliche Frauen in ganz verinnerlichter Weise, was sicherlich gemischt orgastisch-orgasmuslose Reaktionen sind.

Aber nicht nur in ihren Erscheinungsformen ähneln sich all diese Reaktionen, sondern auch in ihrer Bedeutung für die Befriedigung der Frau. Auch orgasmuslose oder vororgastische Reaktionen werden als höchst lustvoll empfunden. Das soll natürlich nicht heißen, daß es für die Frau schließlich gleichgültig wäre, ob ihre Lustwellen brechen oder nicht. Ich will damit nur sagen, daß es bei der Frau während der Kommunikation zu einem nicht näher definierbaren erotischen Hochgefühl kommen kann, bei dem es auch andere als orgastische Glückskriterien gibt: ‚Alles' wirkt befriedigend.

So können unter Umständen viele Lustreaktionen, die auf hohem Lustniveau verlaufen, einen mehr oder weniger hohen Grad an Erosharmonie der Frau erzielen, und es entfällt somit für den Mann das, womit man ein Heer von Männern verängstigt und worüber man ganze Bibliotheken vollgeschrieben hat: die Erfüllung des weiblichen Orgasmuspostulats, der angeblich so lauthalsen Forderung: Recht auf Orgasmus. Diese Forderung im Singular spricht freilich schon wieder dafür, daß hier Sexualdilettantismus am Werke ist. Gehen wir hingegen von den inzwischen ermittelten Erkenntnissen aus, ist einzusehen, daß für die Frau das Kommunikationserlebnis als solches, das zwar mit fakultativen weiblichen Kulminationen – aber ohne jeden Orgasmuszwang – verläuft, vorrangig befriedigend wirkt.

Überdenkt man diese neuen Eindrücke, werden die Grenzen weiblicher Potentiale erkennbar, wenn der Mann es versteht, auf die weiblichen Erosgefühle entsprechend zu antworten. Im Wissen um deren Variabilität wird er wahrnehmen, daß nach einer Serie von Schoßmotilitäten diese Reaktionen abzuklingen beginnen, daß der Schoß, der heftig vibriert hat, auch müde werden kann, und daß Zenitreaktionen, gleich welcher Art, um so eher abklingen, je ekstatischer sie waren. So können eventuell Blutfülle und Tumeszenz weiterbestehen, während beispielsweise die willkürlichen und unwillkürlichen Muskelbewegungen um so schneller ermüden und aufhören, je intensiver sie vorher verliefen. Vielleicht spielt aber auch hier das Trainingsgesetz eine Rolle.

Wenn also so viele nicht näher definierbare Lustreaktionen befriedigend wirken, ist mit ihnen zugleich irgendwie auch ein Gefühl des Abklingens der Erogeneität, Endsexualgefühl, verbunden. Und dies kann, viel häufiger als man ahnt, schon vor Ende der Erektionsdauer geschehen.

Hierin liegt auch wieder ein Ansatzpunkt, wie der Mann durch Einstellen auf die weibliche Reagibilität sein Verhalten optimieren kann. Die richtige Beurteilung weiblicher Zenitreaktionen erübrigt nämlich das verkrampfte Hinzielen auf nur orgastische. Bei eusexueller Erlebnisfähigkeit hat die Frau das Gefühl, nichts mehr unterscheiden zu können. Weiß der Mann, daß bei der Frau in der Ekstase alle Höhengefühle unvermittelt Orgasmuscharakter annehmen können und daß der Orgasmus deswegen, gerade deswegen, nicht das zentrale Merkmal der Befriedigung sein muß, wird er sich viel ungezwungener verhalten, entfällt doch der erostötende Zwang, bei der Partnerin Orgasmen ‚hinzukriegen'. Statt unnützerweise nach dem Orgasmus zu fragen, muß er einfach spüren, und zwar von Anfang an, ob die Frau ein allgemein angehobenes Lustempfinden hat oder nicht.

Überdies kann man beobachten, wie eine Frau sehr wohl, wenn sie prinzipiell in ihrer jeweiligen Reagibilität verstanden wird, sich in erstaunlichem Maße an die jeweiligen Dimensionen männlicher Fähigkeiten einschließlich der Erektionsdauer anpassen kann. Gute Partnerschaft ist allerdings die Voraussetzung für dieses schöne weibliche Vermögen, das alle Unersättlichkeitslegenden Lügen straft.

Im übrigen sind hohe orgastische Energien von der Frau nicht sozusagen eigenproduziert, sondern entwickeln sich in Korrelation mit den entsprechenden männlichen Liebeskräften. Es ist mithin so, daß weibliche Orgasmusfreudigkeit die intrakoitalen Gefühle quasi zu gleichen Teilen aufteilt, was die Potenzstabilität begabter Männer nicht beendet, sondern verlängert bzw. potenziert. Vor allem vermag so eine Art – wie soll ich es sagen? – phallisches Vertrautsein mit dem weiblichen Liebesorgan den Mann zu befähigen, weibliche Orgasmusfreudigkeit mit den eigenen Möglichkeiten abzustimmen.

Geht man davon aus, daß es Männer gibt, die den Ablauf des innigen Zusammenseins auch unter anderen als ejakulatorischen Gründen zeitlich gestalten können, läßt sich beobachten, wie Frauen gerade bei erfüllter Liebe sehr wohl ihre Grenzen erleben – was ja ein Positivum ist. Männer, die von Jugend auf ihre Triebpotentiale beobachtet und die Begabung entwickelt haben, ihre erotischen Talente auf die normale Hinneigung zum anderen Geschlecht einzustimmen, sind in der Lage, auch die leidenschaftlichste Frau erotisch zu beherrschen – im schönen Sinne. (Es gibt da unter Liebenden so eine Art Code: „Du machst mich wahnsinnig" – auch wieder im schönen Sinne.)

Zum Verständnis der gegenseitigen erotischen Gefühle

Eine ‚Geschlechtsverkehrslehre' hätte uns gerade noch gefehlt

„Synousiologie" nannte einst Theodor H. van de Velde seine „physiologisch-technische Betrachtung der Vergattung" (27). Die wörtliche Übersetzung des griechischen Wortes Synousia ist: Zusammensein. Das klingt jedenfalls besser als Verkehr und Koitologie.

Die Darstellung von Erregungs- bzw. Kohabitationskurven und von allen möglichen Koituspositionen wurde also schon in den zwanziger Jahren von dem genannten Autor in aller Genauigkeit und Ausführlichkeit besorgt. Das meiste davon war freilich der altindischen und altislamischen Erotologie entnommen. Dennoch wird bis zum heutigen Tag die Darstellung von Koituspositionen und Liebespraktiken als das Allerneueste angepriesen.

Zwangsläufig werden damit aber die Perspektiven völlig verschoben, denn zum Wichtigsten wird gemacht, was medienwirksam ist. Doch die praktische Bedeutung der Koituspositionen zum Beispiel steht in keinem Verhältnis zu dem Aufwand. Sicher ist manches recht illustrativ, mehr aber nur Anschauungsmaterial für die, die Erotik mit Gymnastik verwechseln.

Bildreiche Wälzer für Stellungssuchende suggerieren die dilettantische Vorstellung, Liebeskunst sei Stellungskunst, und sie übertrumpfen sich noch gegenseitig in der Zahl aufgeführter Positionen. Welch überflüssiges Tun!

Wer glaubt, das Durchexerzieren ganzer Positionsserien

mache der Frau Freude, irrt. Die Auffassung, eine Vielzahl womöglich recht komplizierter und ausgefallener Koituspositionen bringe größtmögliche Reizsteigerung, übersieht, daß ein ‚Stellungswechsel' auch die schönsten Gefühle verpatzen kann.

Dafür nur ein Beispiel: Die am leichtesten störbare Phase der weiblichen Reagibilität ist die präorgastische, unmittelbar vor dem ersten Orgasmus. Die Überleitung der präorgastischen Phase in die orgastische gelingt aber am besten in Eurhythmie, in harmonischem, sich gegenseitig animierendem Zusammenspiel der Liebesorgane. ‚Bleib, bleib', denkt die Frau im Stadium der anlaufenden Kulmination. Unmotiviertes Wechseln der Position kann also dem eurhythmischen Liebesspiel zuwiderlaufen. Manch glückliches Paar bevorzugt zuzeiten nur zwei oder drei Positionen, hängt doch das Optimieren ihres Liebesspiels nicht in erster Linie von diesem Faktor ab.

Aber auch hier gilt: Je mehr sich Liebende auf ihr eigenes Gefühl und ihre eigenen Erfahrungen statt auf Pseudo-Aufklärerei und gestanzte Geschichten verlassen, um so besser fahren sie. Niemand, schon gar nicht, wer mit Vereinfachungen und doktrinärem Suggestionsunfug operiert, kann anderen Lektionen erteilen. Es handelt sich heute nicht mehr darum, weiter zu liberalisieren, sondern zu durchschauen, daß in immer größerem Umfang das Sexuelle für das Durchsetzen schein-psychologisch angerissener Absichten herhalten muß.

Zum Beispiel wird von der Journalistin Lynn Barber in ihrem Buch „Mehr Spaß mit Männern" – just ohne jeden Spaß, sondern mit spießig-fanatischer Humorlosigkeit – die normale Paarungskombination, in der sich die Mehrheit der Menschheit *(facies ad faciem)* sexuell zu nähern und zu vereinigen pflegt, weil sie am elegantesten von Umarmung und Küssen zur Vereinigung überleitet, als „Katastrophe" niedergeschmettert. Zitat: „Es ist die Stellung, bei der die

Frau auf dem Rücken und der Mann Bauch an Bauch auf ihr liegt. Sie ... sollte sogar gesetzlich verboten sein. Die Frau wird vom Gewicht des Mannes förmlich erdrückt und ... buchstäblich erwürgt ..., weil ein Gewicht auf ihr lastet, das sie nach den Arbeitsschutzbestimmungen überhaupt nicht tragen dürfte. Würde ihr Mann von ihr verlangen, jeden Abend eine Viertelstunde lang mit anderthalb Zentnern Kartoffeln auf dem Bauch zu liegen, so wäre dies ohne Zweifel für jedes Gericht ein Scheidungsgrund." (1)

Sicher wird jeder sich unter dem Eindruck dieser Zeilen fragen, ob diese Frau versehentlich an ein Nilpferd geraten ist, wobei ich sicher bin, daß ein Nilpferd nicht so unbeholfen kopulieren kann, wie hier beschrieben. Die Verfasserin spekuliert offenbar darauf, daß ihre Absichten nicht erkannt werden, denn so dürftig kann ihre Sexualpraxis gar nicht sein, daß ihr nicht auffiele, was alle wissen: Nicht Bäuche klatscht man aufeinander, im Gegenteil: Eurhythmisch sich Bewegende empfinden die paar nicht abgestützten Pfunde allenfalls als süße Last. Nein, die Tendenz, alles Normale zu diffamieren, führt zu solch dilettantischen Haßgesängen, und viel unverdaute Psychologie steckt dahinter, u. a. die verstaubte Klamotte, die Einnahme einer Liebeshaltung impliziere Dominanzverhalten, melde ‚Herrschaftsansprüche' an.

Als ob es sich bei einer Koitusstellung um eine Lebensstellung handle! Wie lange glaubt man eigentlich noch, der Allgemeinheit den schon längst auf den Müll gehörenden, schein-soziologisch aufbereiteten Ladenhüter vorsetzen zu können, der Mann wolle mit der gerade einmal eingenommenen maskulin-superioren Position die Frau unterdrücken? Daß der Mann bei dieser doch manchmal recht erfreulichen Angelegenheit nichts anderes im Sinn haben soll, als männliche Überlegenheit zu demonstrieren, ist ebenso blanker Unfug und pseudopsychologisches Brimborium, wie wenn man behaupten wollte, die Frau wolle mit der umgekehrten, feminin-superioren Position, wenn sie sich also rittlings über dem Mann befindet, weibliches Dominanzverhalten demonstrieren. Daß das Verkleben soziologischer Rollenklischees mit der Einnahme einer Koitusposition pseudo-sozialpsychologischer Unsinn ist, sollte mittlerweile jedermann klar geworden sein.

Liebeshaltungen sind Bewegungsabläufe, die geschmeidig zueinander und ineinander führen. Die Liebeshaltung, in der Mann und Frau Wange an Wange vereint sind, ist nur die Fortsetzung der äußeren Zärtlichkeiten: des Küssens, des Umarmens und Streichelns. Aus jeder Umarmung, ob stehend, sitzend oder liegend, ergibt sich ohne Zwang die optimale Liebeshaltung. Das Gute (was offenbar theoretisierende Fanatiker nicht wissen) an der Mann-oben- oder Frau-oben-Liebeshaltung ist, daß sich beide weiter streicheln und küssen können, gleich, wer nun oben oder unten ist. Das ist ja auch die wahre Verführungskunst, daß die Überleitung aus der Liebkosung zur Vereinigung elegant, ohne manuelle Tricks am Genitale und ohne gespreiztes Getue vor sich geht. Deswegen werden die beiden Grundhaltungen als Initialhaltungen von Kennern bevorzugt – nicht jene verkrampft und konstruiert wirkenden, bei denen sich die Partner mehr voneinander weg als zueinander hin zu bewegen scheinen.

Liebeshaltungen sollte man eigentlich Kombinationen nennen, weil beide Liebenden – sich umarmend und umschlingend – an der Liebeshaltung gleichmäßig teilnehmen: Positionen sollen ja nicht etwa gegen andere gerichtet sein, sondern sind Kombinationen von Körperhaltungen und -bewegungen, die zur vollendeten Vereinigung führen.

Ich wehre mich dagegen, daß man, wenn auch nur halb bewußt, die Suggestion nährt, man könne Liebende mit Direktiven und Positionslektionen quasi einstellen und funktionell kontrollieren.

Nicht auf die äußere Position, sondern letztlich auf die innere, auf das Wechselspiel der Liebesorgane, kommt es an.

Das Zusammenspiel der Liebesorgane

Beim Liebesspiel übertragen, wenn man sich so ausdrücken kann, die Liebesorgane ständig wechselseitig direkt Reize, die überaus feinnervig sind und auf besondere, aber unmerkliche Weise erotisieren. Ein Geschehen, das Liebenden gar nicht so recht bewußt wird und werden kann.

Wie weit Sexualexperiment und Liebeswirklichkeit auseinanderklaffen, wird so recht deutlich, wenn wir nunmehr die aktuellen wechselseitigen Beeinflussungen der Liebesorgane während der Vereinigung erörtern werden. Diese ungemein subtilen, ständig wechselnden Direktübertragungen, die sich während des Liebesaktes zwischen den Liebesorganen abspielen, entziehen sich selbstverständlich experimentellen Untersuchungsmethoden. Daher hört man von dieser Seite auch nichts davon.

Die elementare Direktwirkung der Organe aufeinander, die Zärtlichkeiten, die zwischen Schoß und Phallus ausgetauscht werden, machen das schön Unberechenbare und Unnachahmliche, schon gar nicht experimentell Wiederholbare am Liebesakt aus.

Die Übertragungen der Erotisierungseffekte, die unmittelbar über die Liebesorgane ablaufen, sind außerordentlich schwierig zu beschreiben, weshalb dies, soweit ich sehe, noch nicht ausführlich und differenziert versucht wurde. Und außerdem versagt hier die übliche Methode, Fallanalysen Gestörter als Einstieg für neunmalkluge Abhandlungen zu benützen. Bei einer am Normalerotischen orientierten Darstellungsweise fehlt es an solchen Aufhängern, weil glückliche Menschen sich nicht ausfragen lassen und problemwälzenden Sexualdebatten fernbleiben.

Über die äußeren Signalreize der Frau hat man sich beispielsweise die Finger wund geschrieben, aber von den inneren Signalreizen, die von dem weiblichen Liebesorgan direkt ausgehen, konnte man nicht berichten, solange die spezifisch weiblichen Aktivitäten unerwähnt blieben. Die Kenntnis der vaginalaktiven Vorgänge ist also Voraussetzung, daß in irgendeiner Weise vom Schoß-Phallus-Spiel die Rede sein kann.

Um aber eventuell dabei aufkommenden falschen Vorstellungen von vornherein zu begegnen, möchte ich eine das Prinzipielle betreffende Aussage machen: Ebenso wie der Orgasmus nicht allein eine Reaktion des Genitale, sondern des gesamten Organismus ist, steuern sich natürlich auch die Wechselwirkungen der Liebesorgane zentral, und zwar durch Impulse, die durch einen äußerst komplizierten Rückkopplungsmechanismus zwischen Zentralnervensystem und peripheren Organen gesteuert werden (Reafferenz von afferenten und efferenten Impulsen).

Wesentliche Elemente der inneren Erotisierung sind außerordentlich komplex, und sie spielen sich naturgemäß synchron ab. Die vielen Korrelationen und simultanen Wechseleffekte, die unmittelbaren taktilen Mini-Reize beeinflussen direkt die gegenseitige Erotisierung und können einerseits die erwünschte weibliche Orgasmusauslösung und andererseits die Gliedsteife optimieren. Aber gleichzeitig kann auch, was noch detaillierter erörtert werden muß, möglicherweise dadurch der unerwünschte männliche Orgasmusdrang herbeigeführt werden.

Die direkten wechselseitigen Beeinflussungen der Liebesorgane fördern die gegenseitigen Liebeskräfte, und sie sind es, die dem Liebesakt erst so recht den Charakter eines ungezwungenen Liebesspiels geben, ohne daß dies den Partnern letztlich bewußt wird, wie begründet.

An dieser Stelle möchte ich zur Methode sagen, daß es wohl der äußersten sprachlichen Subtilität bedarf, um *das entdeckte zärtliche Spiel der Liebesorgane im Grunde des weiblichen Körpers* überhaupt irgendwie darstellen zu können. Yin-Yang-Kommunion, wie es in der chinesischen Philosophie dazu heißt und was ich, noch einmal anders ausgedrückt, innere (intrakorporale) Zärtlichkeit nenne. Am angemessensten gelingt die Darstellung dieser Besonderheiten noch, wenn es in verschiedenen Zusammenhängen erörtert wird; dabei auftretende Wiederholungen bei Erwähnung desselben Erkenntnisgegenstandes sind nur scheinbar. Jedenfalls schützt man sich dadurch vor Verallgemeinerungen.

Wie ich meinen Partner direkt erotisieren kann

Eine eingehendere Betrachtung dieser Direktübertragungen ist nur möglich, wenn wir die inzwischen bekannt gewordenen weiblichen Vaginalaktivitäten berücksichtigen: die Fähigkeit, das Scheiden-Ruten-Spiel von der weiblichen Seite her innig zu machen. Das Merkmal hoher weiblicher Potentiale ist die Steigerung der inneren kinetischen Impulse, die Aktivierung des vaginal-phallischen bzw. phallovaginalen Kontaktes.

Deswegen ist die allgemein verbreitete Vorstellung, nur der Mann bestimme mit seinen Penisstößen den Koitusrhythmus und die Intensität der Friktionen, höchst veraltet und überdies ungenau. Doch bevor ich auf die direkten Stimulationseffekte des weiblichen Sexualorgans näher eingehe, sei vorausbemerkt, daß die Phallusbewegungen in Wirklichkeit viel differenzierter sind, als der Ausdruck ‚Stöße' besagt. Die phallischen Bewegungen, die eben keine sturen Stöße sind, variieren schon deshalb, weil der Phallus, auch der hocherotisierte, Merkmale des Elastischen, des Federnden, des Volumenschwankenden an sich hat. Der Koitus ist nun mal keine einseitige ‚Stoßerei', sondern eine recht „kooperative Sache, ein zwar kompliziertes, daher störbares und nicht immer gelingendes, aber doch überaus natürliches und nebenbei auch höchst lustvolles Zusammenspiel komplementärer Organe und Instinkte" (Richard Huber, 9) und eher in irgendeiner Weise mit dem Verschlungensein beim Zungenkuß vergleichbar.

Die kinetischen Energien des weiblichen Organs sind, wie ausführlich beschrieben, nicht allein an die orgastische Reagibilität gebunden. Die Entfaltung der inneren kinetisch-dynamischen Impulse geschieht während des gesamten Reaktionszyklus, mithin schon während der Annäherung. Und wollüstige Wonnen, die den Phallus umfangen, eskalieren, wenn der Phallus „Talmitte", wie es in der taoistischen Medizin heißt, befühlt, mediovaginal kost.

Sie bewegen sich in konvulsivischer Form, vom Schoßinneren zum Scheideneingang, also über den Rutenkopf bis zur Peniswurzel. Erfolgen bei der multiorgasmischen Frau inzwischen Orgasmen, entsteht nur eine Intensivierung des Gefühls des Überstülpens. Das Gefühl des phallushautnahen Kontaktes durch die motil reagierende anschmiegsame Scheide hat auf die männliche Reagibilität unterschiedliche Wirkungen, oft geradezu gegenläufige, was die Kompliziertheit all dieser Geschehnisse, an was zu erinnern ich nicht müde werde, unterstreicht.

Beim Mann kann die Vaginalmassage an der Glans penis, die den Phalluskranz feinnervig erregt, mehr oder weniger schnell zum Verlust der Orgasmus-Steuerungsmöglichkeiten und zu einer ungewollt frühen Ejakulation führen, was übrigens u. a. die unterschwellige Angst mancher Männer vor sexaktiven Frauen erklärt. Die reflektorisch-rhythmischen Schoßaktivitäten haben nämlich dann, wenn die Scheidenwände durch Blutfülle und Tumeszenz geschwollen sind und sich durch Erotisierung und Kontraktionen eine gewisse mediovaginale und fornikale Enge ergibt, einen ausgesprochenen Bürsteneffekt.

In der Tat befinden sich in der Scheide ‚Bürsten'. Es sind Längswülste, die fachlich Culumnae rugarum heißen. Sie haben eine eigentümliche Beschaffenheit der Oberfläche durch die Ausbildung quer verlaufender, faltenreicher Erhebungen und querer, warziger Vorsprünge, ‚Kämme', die hintereinander angeordnet sind und so Längswülste ergeben. Sie haben eine besondere Bedeutung für die Reizung des Penis, vor allem der Eichel und des Eichelkranzes. In der Praxis des Liebeslebens wirkt sich das verschiedenartig, manchmal gegenteilig aus, was eingehend erörtert wird.

Der Austausch subtiler Mini-Reize, der den Liebenden kaum bewußt wird, ist besonders dann gegeben, wenn durch vaginale Aktivitäten die Duplikatur der Penishaut, die Vorhaut (Praeputium), ganz zurückgestreift ist, vor allem deshalb, weil die Natur es so gemacht hat, daß die Schleimhautfalten der Vorhaut den Schleimhautfalten der Scheiden-Längswülste entsprechen, was wieder rückwirkend und wechselseitig die Reibung und Reizverstärkung auf ganz natürlichem Wege erhöht – ungleich effektiver an Erogeneität und viel feinnerviger als etwa der glatte Finger.

Deswegen wird verständlich, daß die Culumnae rugarum, wenn sie gut entwickelt sind, mit ihren Erhebungen der Schleimhautauskleidung beispielsweise u. a. das Hochschnellen der männlichen Ergußreflexe bewirken.

Besonders wenn die Frau leidenschaftlich reagiert, kommt es durch Friktionen, die durch lebhafte Vaginalkontraktionen intensiviert werden, zu akutem Ejakulationsdrang, der wesensgemäß nur schwierig zu unterdrücken ist. Gerade dann aber, wenn die Frau sich im Erregungshoch befindet, wird dies bekanntlich als Handikap empfunden, obwohl, wie wir wissen, dies grundsätzlich gesehen rein physiologisch zu sehen ist.

Das häufige, völlig normale, obschon kaum eingestandene ‚Dilemma', das darin besteht, daß der Mann, wenn er bei seiner Geliebten erotische Avance und lodernde Sinnlichkeit wahrnimmt, selbst stark seelisch erregt wird, so sehr, daß er selbst in ‚gefährliche' Nähe des unwiderstehlichen Orgasmusdrangs kommt – in diese *in praxi* so häufig ‚verdammte'

Situation, die ja eigentlich kein Dilemma ist, sondern etwas sehr Schönes, gerät der Mann noch mehr durch die beschriebenen organischen Antwortreaktionen, die ja von der somatischen Seite her die Reizeffekte zusätzlich summieren. Mögen sich die ‚Segler der Liebe' vertraut machen mit diesen ungemein feinstrukturierten Dingen!

Was geschieht hier am männlichen Organ genau? Während bei der manuellen Penis-Stimulation die Vorhaut (Praeputium) immer wieder über die Glans gestreift wird, entwickelt sich das optimale Scheiden-Ruten-Spiel bei blanker Eichel. Wenn die Vorhaut ganz umgestülpt ist, liegt sie mit ihrer Außenseite dem Rutenschaft an, während die faltige Innenseite direkt mit den Reibeflächen der Längswülste und den ebenfalls riefelig-faltigen Scheidenwänden zusammentrifft bzw. über sie streift. Den Praeputialfalten entsprechen in etwa die Scheidenfältchen (Rugae vaginales), vor allem in der Fähigkeit der Reizübertragung.

Mithin ist leicht einzusehen, wie auf natürliche Weise ein Optimieren der Friktionsreize bereitgestellt wird, aber auch, daß manuelle Stimulation weniger Wirkung hat und daß ein Stimulierapparat dagegen ein elendes Ersatzstück ist, von seiner unphysiologischen Arbeitsweise gar nicht zu reden.

Insgesamt erklärt dies weiterhin, daß der Mann, wenn er von diesen subtilen Reizwirkungen nichts weiß, kaum daß ‚er' den Sinus heißer Feuchtigkeit betreten hat, Ejakulationsdrang verspürt, und zwar besonders, wenn durch die Tätigkeit der perivaginalen Muskeln der Eindringling stürmisch begrüßt wird. „Ja, wenn ich in der Frau bin, ist alles anders", sagen viele, und aufgrund der Diskrepanz zwischen dem Kommunikationserlebnis und extrakoitalen Aktivitäten entwickelt sich bei manchen Männern, die sich in diesem Irrkreis verfranzt haben, ein beinahe koitusscheues Verhalten.

Was ich hier vorbringe, ist selbstverständlich auch eine vorweggenommene Besprechung männlicher Liebesfähigkeit, auf die ich mich später beziehen werde.

Aber nun zurück zu den direkten vaginalphallischen Stimulationseffekten. Über den Phallus, entweder tief penetriert oder flach in der vestibulären Region in geringfügiger Eigenbewegung gehalten, streichen sozusagen die kombiniert reflektorisch-motorischen Pulsationen: ein subtiles Spiel, bei dem liebestalentierte Frauen ihre inneren Liebeskräfte zur Entfaltung bringen.

Sie fordern den Mann geradezu auf, „einmal einige Augenblicke ganz ruhig zu bleiben". Die fornikalen Konvulsionen und Vibrationen, die über die Phalluskrone (Corona glandis) gleiten, bewirken eine stärkere Durchblutung des Rutenkopfes. Die Glans-Vergrößerung, die sich dadurch ausbildet, entspricht etwa derjenigen, die sich normalerweise immer kurz vor dem Orgasmus, wenn das sogenannte „Samengefühl" das Herannahen der Ejakulation ankündigt, und während des Orgasmus ausbildet.

Diese massierenden Vaginalfriktionen, die einerseits den Ejakulationsdrang verstärken können, wie beschrieben, haben aber auch ganz gegenteilige Wirkungen, sehr angenehme: Sie richten andererseits die Rute, die bei längerem Koitus zu schwanken beginnt und ruhig schwanken darf, immer wieder auf. Bei längerer Kohabitationsdauer ist weitgehender Gestaltwandel des Phallus absolut normal. Gerade dann also, wenn Fülle und Steifheit wechseln, wirkt der innige Fornix-Rutenkopf-Kontakt, die zarte fornikale natürliche Vibrationsmassage, die von innen den Phalluskranz in besonderer Weise anregt, auf die Erektion und besonders auf das Eichelvolumen ausgesprochen regenerierend. Wenn man dazu bedenkt, daß der Mann in Halberektion die an sich schon sehr begrenzten Kontrollmöglichkeiten seiner Reaktionen noch mehr verliert als in Vollerektion, wird ersichtlich, wie der Mann andererseits eben gerade im tiefen innigen Schoßkontakt die Ejakulationssteuerung und damit die Verweildauer günstig beeinflussen kann.

Freilich sind die hier erörterten weiblichen Fähigkeiten

höchst unterschiedlich ausgebildet, ferner deren Intensität naturgemäß von verschiedenen Faktoren und Imponderabilien abhängig. Daraus ergeben sich immer wieder überraschende Konstellationen. Schon deshalb, weil ja auch beim Mann die entsprechenden Faktoren weitgehend unberechenbar sind. Zum Beispiel spielen das Ausmaß diesbezüglicher Erfahrungen und die Dauer der vorangegangenen Karenz eine Rolle, ob die Wahrnehmung weiblicher Aktivitäten zur Potenzierung männlicher Liebeskräfte führt oder nicht.

Auf der anderen Seite wiederum finden simultan eine Reihe männlicher Erwiderungen statt. Zum Beispiel stimuliert die zusätzliche Rutenkopfschwellung, bedingt durch die reflektorischen Schoßaktivitäten, ihrerseits rückwirkend vor allem den ventralen Scheidengrund, wodurch die Frau in wechselseitiger Erotisierungssteigerung optimale Orgasmusauslösungen erlebt, worauf im entsprechenden Zusammenhang noch eingegangen wird.

Zusammen mit den phallischen Bewegungen ergibt sich das eurhythmisch ablaufende Gegen- und Zusammenspiel der Liebesorgane.

Liebesspielbeginn ohne Verkrampfungen

Vergessen Sie alle von falschen Aufklärern induzierten Klischeevorstellungen, denen zufolge der Geschlechtsakt ein programmiertes Geschehen sei – etwa einem Menü vergleichbar. Nur dann verflüchtigt sich der Aberglaube, erst die perfekte Vorreizung öffne den Vorhang zum Geschlechtsakt. Gerade diese simplifizierte Auffassung ist ein Hauptelement der vielzitierten ‚Examensangst' und des sogenannten sexuellen Leistungszwanges. Daß die Vereinigung eigentlich nur die zwanglose Fortführung der äußeren Hautzärtlichkeiten ist, also eine Kombination äußerer und innerer Zärtlichkeiten (wie man das Schoß-Ruten-Spiel liebevoll nennen kann), dieser Gedanke führt zu einer gelockerten Auffassung vom – und nur dann ist die Bezeichnung richtig – Liebesspiel.

Die erotischen Anfangsaktivitäten werden also insbesondere dann zu ungezwungenen und unmittelbar gefühlsmäßigen Liebeshandlungen, wenn man weiß, daß die direkten Erotisierungseffekte der Organe auch eine gegebenenfalls unvollständige Erregung vervollständigen können. Diese Wechselwirkungen übertreffen an erotischer Effektivität alle anderen Stimulationsarten, weil die reflektorischen, nicht willkürlich zu beeinflussenden Vorgänge von Anfang an in sexualadäquater Form ‚eingespielt' werden.

Es besteht auch bei noch nicht deutlich form- und größenverändertem Phallus und bei noch unvollständigen weiblichen Bereitschaftsreflexen prinzipiell volle Liebesfähigkeit, denn der innere Kontakt fördert dann schon in adäquater Form die gegenseitige Erotisierung. Die inneren Aktivitäten vollenden in einer für die Liebesorgane von der Natur so unnachahmlich passend eingerichteten Art die Entwicklung voller Liebeskräfte.

Völlig unnötig ist folglich jener ängstlich schräg nach unten kontrollierend gerichtete Blick, ob denn alles ‚gerichtet' sei. Wenn Sie die folgenden Zeilen lesen, werden Sie meine Schärfe verstehen, wenn ich sage, daß es gewiß nichts Dümmeres und Selbstzerstörerisches gibt als das Beobachten der Penis-Aufstiegschancen ... Nichtdestoweniger fällt dem Magazin „stern" nichts Besseres ein, als diese grenzenlos dümmliche Pose in einem Titelbild zu verewigen. Und dies im Jahre 1981 (!), Nr. 28. Offenbar immer noch nichts gelernt? Auch die Entschuldigung, daß es sich dabei ja nur um einen Artikel über den neuen Hite-Report handle, macht's nicht besser. Da muß sich nun der arme Coverboy dieser Titelgeschichte sein Badehöschen weghalten lassen, von einer Frauenhand versteht sich, und schaut dabei gesenkten Hauptes und wie gebannt, was sein Penislein wohl tut ...

Das ist so ganz die feine Art, um mit Massenmedien massenhaft Verunsicherte zu schaffen.

Ebenso töricht wie dieses Selbstbeobachten, worüber noch ausführlich diskutiert wird, ist die Meinung, nur ein voll erigierter („harter") Penis sei vaginatauglich, signalisiere den Koitusbeginn. Als ob die Vagina nicht auch etwas dazu tun könnte, der Schoß nicht aufnahmewillig, ‚entgegenkommend' sei.

Nicht minder irreal ist die Meinung, die Vereinigung dürfe erst dann begonnen werden, wenn die Frau nach einem von Sexualkonstrukteuren ersonnenen Reaktionsmuster ‚heißgelaufen' sei.

Vielmehr wirkt die Erfahrung, daß sich die Hochform der Liebesfähigkeit auch durch den bloßen Kontakt der Liebesorgane ergeben kann, in hohem Maße angstlösend. Die bekannte „Examensangst" verschwindet, wenn man erfahren hat, daß man auch ohne lehrbuchmäßige Vorbereitungen bestehen kann, daß man, im Gegenteil, erst im ‚Examen' die volle Sicherheit bekommt. Das heißt: Es kann auch in einem Erotisierungszustand, der nur geringe Bereitschaftsreaktionen der Partner erkennen läßt, das zärtliche Berührungsspiel der Liebesorgane begonnen werden. Ohne verkrampfte Stimulation erleben die Partner lose vereinigt das allmähliche Wachsen der Potentiale.

So lockern sich endlich verkrustete Vorstellungen vom Koitusbeginn, und das folglich ungezwungene Verhalten ist bereits geeignet, Sexualängste, die möglicherweise nur durch Fehlinformation entstanden sind, aufzulösen.

Man kann oft von Männern hören: „Es häuft sich, daß ich vorher keine rechte Erektion zusammenbringe", und manche Frauen sagen: „Ich liebe und begehre meinen Partner, aber mein Körper reagiert vorher nicht mehr in gewohnter Form." Wer den Menschen, die eigentlich keine Therapie, sondern nur eine Information benötigen, wirklich helfen will, wer die Menschen wirklich von ihren Versagensängsten befreien will, runzle hier nicht neunmalklug die Stirn, ‚diagnostiziere' hier keine Potenzstörung, keinen Libidomangel, keine Mittel- oder Hauptkrisen, erwecke vor allem nicht den Eindruck, als sei es bei ihm selbst anders, sondern erkläre frei heraus, daß hier nicht die Spur eines Versagens, einer Störung, nicht einmal der Beginn einer Störung vorliegt. Bei Dauerpartnerschaft ist es normal, daß extrakoitale Stimuli immer weniger sexualisierende Wirkung haben, und es ist ganz normal, wenn der Mann nicht jedesmal mit einer ‚erstklassigen' Erektion aufwartet und die Frau nicht jedesmal zitternd vor bebender Seligkeit dem Liebesakt entgegenfiebert.

Körpersprache der Liebe verstehen

Die Partner erleben das Wachsen der Potentiale des anderen, und die Wahrnehmung der sich gegenseitig steigernden Erotisierung ist selbst schon ein erregender Faktor ersten Ranges.

Dabei regt das vaginale Pulsieren den Phallus an, während andererseits das Streichen des Phallus die vaginalen Schwingungen erhöht. Dieser Wechseleffekt der Liebesorgane in Schoßinnigkeit führt ohne Zwang auf ein höheres Erregungsniveau, und darauf sollten sich die Partner einstellen – und verlassen.

Ich glaube, es ist leicht einzusehen, daß die letztgenannten Faktoren besonders für das Verhalten in Dauerpartnerschaft von Wichtigkeit sind. Als Hauptmerkmal einer partnerbezogenen Liebe, die aber – und dies zum Nutzen der männlichen Liebesfähigkeiten – auf die spezifisch weibliche Erogeneität eingestellt ist, haben wir das Loslösen von programmierten Verhaltensmustern erkannt. Eine Verhaltensänderung, die dadurch erzielt wird, daß diese Erkenntnisse berücksichtigt werden, vermag einen großen Teil von Versagensängsten zu beseitigen.

Wie ist diese Behauptung zu begründen?

Jenseits hochgeschraubter Fiktionen gehe ich zunächst davon aus, daß eine ideale Liebesbeziehung keine Ansammlung erotischer Hochs sein kann, sondern daß das Schöne die Tiefs, die normalerweise dazugehören, integrieren kann. Das heißt: Auch weniger eindrucksvolle Liebesidylle und sogenannte Versagenssituationen gehören zur Realität der idealen Partnerschaft. In Optimalfällen wird also die Liebesbeziehung vornehmlich von den erotischen Hocherlebnissen getragen. Gleichsam die Erinnerung an glückliche Erlebnisse gibt beiden die beruhigende Sicherheit für alle Liebeshandlungen.

Liebestötende Befürchtungen, gespanntes Überlegen („Wie mach' ich es denn heute abend?") und Ängste, ob es denn das nächste Mal ‚klappen' würde, sind, wie wir nun wissen, Liebestöter ersten Ranges, und sie werden so recht von jenen gezüchtet, die prompte Vollerektion und prompte Orgasmie als koitales Planziel betrachten. Dies entspricht aber nicht der Realität, gerade bei längerem Liebesspiel in idealer Dauerpartnerschaft nicht. Und es hat einfach keinen Sinn, verkrampft von einer vermeintlich gestörten auf eine reibungslose Funktion zu zielen, denn solch ein Verhalten hat den Keim zu tatsächlichem Versagen in sich. Niemand sollte, wenn auch nur indirekt, die Vorstellung suggerieren, das Gegenstück der Potenzstörung sei die permanente erektive Potenz des Mannes und dasjenige der weiblichen Orgasmusstörung sei die stets zur Verfügung stehende Orgasmusbegabung. Durch solche Meinungen läuft man eher Gefahr, tatsächlich Sexinvalidität zu erzeugen, und es ist ein Fehler, wie schon besprochen, zu meinen, man könne die Sexualfunktion ebenso wie andere Funktionen unseres Organismus sozusagen auskurieren, auf daß sie wieder reibungslos funktioniere.

Vieles, was zum zwanglosen Koitusbeginn gesagt wurde, trifft natürlich auch hier zu, denn auch bei längerer Koitusdauer (oft wegen weiblicher Reagibilität erforderlich) sind Formschwankungen und Nachlassen der Potentiale mit inbegriffen.

Aber hier können, wie dargelegt, die wechselseitigen Erotisierungseffekte eine zwanglose Renaissance der gerade mal matten Liebeskräfte mit sich bringen. Die direkten Wechselwirkungen fördern in ganz selbstverständlicher Weise die Liebesfähigkeit und prolongieren ohne Zwang das erotische Zusammensein. Bei längerer Verweildauer ist Abnahme der Reagibilität (bei einem Partner oder beiden) oft der Anlaß, den Organkontakt ganz zu unterbrechen, statt dessen wiederanregende Wirkungen abzuwarten.

Warum nicht dazwischen die gegenseitige Hautnähe wirken lassen und nach Lust und Laune umarmen, küssen und streicheln? Sollten dabei, ganz unbeabsichtigt, die Liebesorgane wieder mitspielen, kann auch ohne vollsteife Rute und ohne weibliche Siedepunktreaktionen in losem Glans-Vulva-Kontakt oder in partieller Vereinigung (mediovaginal) das Liebesspiel zwanglos weitergeführt werden. Etwa so: Die Frau befindet sich beispielsweise in feminin-superiorer Position, und zwar unter Beibehaltung eines gewissen Organkontaktes, indem Peniskopf und Scheidenmund in Berührung bleiben; und dann kann ‚er' oder ‚sie' dabei auf verschiedene Weise mit der Eichel, am Schaft manuell unterstützt, die Vulva streicheln, vielleicht mal fester abstreifen, ein wenig eindringen usw. Und durch gleichzeitige oral-mamilläre Kontakte wird die Partnerin womöglich angenehm erotisiert. Irgendwann steigert sich dabei unwillkürlich die gegenseitige Erotisierung, so daß tieferer Organkontakt und intermittierende phallofornikale Stimulation beidseitig erwünscht und wieder möglich wird.

Auch bei den vom Enthusiasmus junger Liebe getragenen Erstbegegnungen ist es von Vorteil, diese Dinge mit zu berücksichtigen. Hat der Mann beispielsweise noch nicht genügend partnerbezogene Erfahrungen bezüglich der Dauer seiner Refraktärphase, wenn er ejakuliert hat, und will er – noch in Halberektion – wieder koitieren, gelingt die kurzfristige Wiederholung der Vereinigung eher durch die restimulierende Wirkung des Organkontaktes. Prinzipiell trifft Analoges natürlich auch für die Partnerin zu, wenn auch deren diesbezügliche Verhältnisse, wie wir wissen, unübersichtlich sind. Aber gerade in der Phase der Endlustreaktionen können die Partner versuchen, durch das Beibehalten des Organkontaktes wieder anregende Impulse zu erhalten, wenn sie ihre Liebeshandlungen fortsetzen wollen. Deutlich restimulierend (und zwar für beide) kann sein, wie oben angedeutet, wenn der Mann mit seiner blanken, aber schon fülliger werdenden Glans penis heftiger Klitoris, Labien, Eingang abstreift, aber besonders intensiv das reizvolle Berührungsspiel an den Schwellkörpern im Scheidenvorhof (Bulbi vestibuli) fortsetzt. Voll erigiert braucht der Penis bei diesem Glans-Vulva-Vestibulum-Spiel nicht zu sein, denn dessen Wachstum zum reifen Phallus bringt der Frau unmittelbar die Wirkung ihrer sexuellen Anziehungskraft zum Bewußtsein, und alles weitere vollzieht sich in zwangloser Folge bis zur gegenseitigen Vollerotisierung. Das aus Gründen unvollständiger Gliedsteife unternommene Berührungsspiel der Organe (Rutenkopf einerseits, Vulva sowie Vorhofzwiebeln andererseits), das anfänglich manuell unterstützt werden kann (Daumen am Penisrücken, zwei Finger an der Unterseite der Eichel), ergibt die zwanglose Überleitung zu irgendeiner Phase des Zusammenseins, wo es nicht mehr ganz so spielerisch zugeht. Übrigens: Bei solcher Stimulation der Vorhofzwiebeln (Bulbi vestibuli) gibt es manchmal die beschriebenen profusen Sekretionen.

Das Wichtigste gegenüber der nur manuellen Stimulation, den Fingerübungen, ist: Von Anfang an besteht Organkontakt, so daß die mit dem Willen nicht beeinflußbaren reflektorischen Vorgänge sich simultan übertragen, und die entsprechenden Funktionen werden, wie erwähnt, stets sexualadäquat eingespielt. Alles ereignet sich letztlich in ungekünstelter, unprogrammierter Weise: Die Überleitung von temperierten Liebeshandlungen zum eigentlichen Liebesspiel geschieht ohne verkrampftes Tun.

Innere Schwelle

Am Übergang vom mittleren zum inneren (fornikalen) Vaginaldrittel kann sich bei hoher Erotisierung eine Art Schwelle bilden, ein zirkulärer Kontraktionsring, wie man auch dazu sagen könnte; ebenso könnte man von einer teilweisen Stenose (Enge), die absolut normal ist, oder einem zirkulären Wulst in Scheidenmitte sprechen.

Unabhängig von Orgasmen verdichten sich dabei die weiblichen Wollustkontraktionen zu solchen physiologischen Verengerungen. Manchmal ist es nur eine angedeutete Schwelle, ein kaum merklicher ‚Widerstand', bedingt durch lebhafte perivaginale Muskeltätigkeit und Schwellung der Vaginalwände. Der mediovaginale Kontraktionsring der Längswülste ähnelt dem durch den Turgor der Vorhofschwellkörper bedingten Zustand. Andererseits gibt es auch den vestibulären Öffnungsreflex, bei dem der Vorhof bis etwa zur Scheidenmitte relativ offen ist, und zwar noch vor der Vereinigung. Wenn die vaginalen Rezeptivitätssymptome so ausgebildet sind, markiert die innere Schwelle also den Eingang zur fornikalen Zone. (Nebenbei: Im Unterschied zu einer schlaffen, lustlosen oder artifiziell dilatierten Vagina erfolgen beim Vaginalöffnungsreflex, der eine Hingabelust signalisiert, dazwischen immer wieder Kontraktionen.)

Auch in diesem Zusammenhang wird deutlich, wie sehr

der gesamte weibliche Reaktionszyklus von kinetischen Faktoren, die sich in ihren Erscheinungsformen ähneln, beeinflußt wird, was mich zu der Bemerkung veranlaßt, die Frau sei bei ‚Wellengang' gleich welcher Art auf eine nicht näher zu bestimmende Weise befriedigt.

Unzutreffend ist folglich die Meinung, das Vordrängen der pulsierenden Vagina mit konsekutiver Lumenverengerung sei Abwehrreflex oder Zeichen nachlassender vaginaler Erogeneität. Noch abwegiger ist das Hineingeheimnissen von sogenannten Abwehrmechanismen, wenn die Scheide – eben wie eine Scheide (Hülle, Hülse) reagiert. Die Lesart, die Frau wehre sich mit solchen Reaktionen gegen ‚phallokratisches' Verhalten, ist Unsinn und zeigt nur, wie unverstanden sie in ihren Liebesäußerungen ist, und zwar besonders heute. In Wirklichkeit sind diese Reaktionen Ausdruck des Gegenteils, nämlich, wie phallusverliebt die Besitzerin einer „munteren" Vagina sein kann – was mit der Beobachtung übereinstimmt, daß Frauen die Wahrnehmung dieses innigen Organkontakts mit einem Jubelseufzer beantworten. Im übrigen ist das Durchdringen dieser physiologischen Vaginalstenose durch den Rutenkopf zugleich ein optimaler Orgasmus-Auslösereflex.

Es ist kein Widerspruch zu dem eben Gesagten, wenn ich daran erinnere, daß es bei übererregten Frauen und entsprechender Konstellation zu dem erwähnten ‚Hinauswerfen' des Penis zu Beginn der Vereinigung oder bei längerem Zusammensein zu einem partiellen Hinausdrängen kommen kann.

Insgesamt muß man aber auch hier davon ausgehen, daß die Frau auch in dieser Hinsicht jedesmal anders reagieren kann, das heißt, daß ganz gegensätzlich verlaufende Erscheinungsbilder körperlicher Reaktionen gleiche erotische Erlebnisfähigkeit bedeuten können.

Zwischen Scheidenmund und Scheidengrund

Wenn sich überhaupt aus der Tatsache, daß die Frau verschiedene periphere Zonen der Erogeneität erkennen läßt, Folgerungen ergeben, dann allenfalls diese: An der Vulva und der Scheidenpforte überwiegt das anstachelnde Moment, während im Schoßinneren, vor allem in den fornikalen Zonen, das beseligend-befriedigende Moment überwiegt. Wenn auch die Frau verschiedene periphere Stimulationszonen hat, so handelt es sich hier niemals um Alternativen. Die sich vorwiegend an der Vulva abspielenden Stimulationseffekte stehen doch nicht der vaginalen Erregbarkeit antagonistisch gegenüber, als produzierten sie gewissermaßen einen eigenen Orgasmustyp. Vielmehr können bei der Frau Erotisierung und orgastische Auslösung an verschiedenen Stellen zugleich erfolgen, da die volle Erogeneität der Frau nicht durch einen Orgasmus unterbrochen wird. Wem dies zu theoretisch klingt, der sei daran erinnert, daß die bereits in tiefem Schoß-Rutenspiel multiorgastisch reagierende Frau durch gleichzeitiges manuelles Vulva-Spiel und (oder) durch synchrone oral-mamilläre Stimulationen weiterhin im schönen Spiel bleibt.

Durch subtiles ‚Bürsten‘ in der vestibulären Zone wird schnell eine Art vaginaler Anschoppung erreicht, und das Herannahen des Orgasmus zeichnet sich ab. In diesem ‚heiklen‘ Erotisierungszustand kurz vor dem Überleiten zum Orgasmus muß der Mann herausfinden, wann die Auslösung durch tiefere, ja tiefste Stimulationen herbeigeführt werden soll. Manche mögen's nach den ersten Kulminationen eher umgekehrt, nämlich: nur ein kurzes vestibuläres Neu-Anstacheln, und dann wird die tiefe phallische Position, ja sogar deftiges ‚Anklopfen‘ an der Portio vaginalis uteri (Scheidenteil des Gebärmutterhalses) bevorzugt. Hier muß der Mann viel Einfühlungsvermögen und Phantasie aufbringen, aber nicht, um alle möglichen Reizprozeduren zu erfinden, wie man immer hört, sondern um das phallische Spiel so zu variieren, daß daraus eine echte *Ars amandi interna* wird. Er muß ausfindig machen, wo immer sich Schwellen bilden, um im rechten Moment die Spielarten adäquat zu variieren, die die Frau enthusiasmieren.

Der törichte Streit um angeblich verschiedene Orgasmus-Modi ist völlig überflüssig. Ob der Orgasmus rein klitoridal induziert oder sonstwo ausgelöst wird: Die orgastischen Lustwellen sind in jedem Fall vorwiegend uterine und vaginale Reaktionen. Sie beginnen also unabhängig von ihrem Stimulationsursprung im inneren Genitale und spielen sich im Schoßinneren ab. Auch der sogenannte klitoridale Orgasmus ist, wenn man genau beobachten und sich exakt ausdrücken kann, nur ein durch Kitzlerreizung herbeigeführter Vaginalorgasmus, denn die Scheide und die Gebärmutter kontrahieren und pulsieren, nicht der Kitzler, der das gar nicht kann. „Kitzlerorgasmus" ist folglich eine sinnwidrige Bezeichnung, was deutlich wird, wenn man richtig beobachtet, denn bei der durch klitoridale Anstachelung induzierten Kulmination ist es so, daß dabei die Scheidenkontraktionen, die eigentlich für den Empfang des Penis bestimmt sind, glatt ins Leere laufen. Die Klitoris selbst ist dabei völlig unbeteiligt, und es tut sich – außer ihrem Verschwinden – wenig bei ihr. Selbst Masters/Johnson (17) bestätigen die bekannte Tatsache, daß sich der Kitzler vor dem Orgasmus mindestens um die Hälfte verkleinert und gar unter seiner kleinen Haut verschwindet.

Durch die Ergebnisse einer Verfahrensweise, die Probandinnen etwas weniger belästigt, weil radiotelemetrisch arbeitende, in die Gebärmutter eingelegte Druck-Kapseln verwendet werden, wird den Anhängern technischer Lustmeßmethoden – nach Cyril A. Fox – bewiesen, daß der „durch tiefe Penetration des Penis" hervorgerufene „uterine Orgasmus" (tief im Schoßinneren) es ist, der „sowohl erleichternde Gefühle als auch Lustempfinden" vermittelt (6).

Aufgrund von Forschungen amerikanischer Wissenschaftler, über die „Der Spiegel", Nr. 5/1981, S. 185, berichtet, wird „die Auffassung vertreten, daß es ‚mehr als eine Form des weiblichen Orgasmus' gebe – . . . Das Psychologen-Team John Perry und Beverly Whipple maß die Muskelkontraktionen von Vagina und Gebärmutter. Dabei zeigte sich, daß die Probandinnen sowohl ‚vulvale' als auch ‚uterine' Orgasmen erleben. ‚Die meisten Frauen', so die Forscher, ‚erleben eine Kombination aus beidem', also einen ‚gemischten Orgasmus'. Auf Filmen wollen die US-Wissenschaftler" – so weiter der „Spiegel"-Bericht – „auch entdeckt haben, daß Frauen beim Orgasmus ejakulieren können. Das Ejakulat . . . werde bei direkter Stimulation des sogenannten Gräfenbergschen Punktes (benannt nach dem Berliner Gynäkologen Ernst Gräfenberg, der 1928 das Intrauterinpessar erfand) abgesondert. Dieser Punkt liegt an der vorderen Scheidenwand, wenige Zentimeter hinter dem Schambein."

Für den Leser meines Buches ist das, was hier als das Neuste vom Neuen angesehen wird, gewiß nichts Neues. Er wird sich freilich fragen, wozu man denn Frauen derartigen technischen Prozeduren unterziehen muß, so in der Tat lieblosen. Statt sich anders anzustrengen, nämlich schärfer zu beobachten.

Dieser uterine Orgasmus, der auch oben erwähnt wurde, ist (genauer gesagt) der muskulär-bindegewebige Ursprungsort jener Pulsationen, die zum Orgasmus führen, und die entsprechenden Erscheinungsformen kann man ungefähr so anschaulich machen: Bei schlanken Frauen, deren vordere Bauchwand auffallend zart-elastisch ist, kann das vororgastische Aufbäumen des (durch Blutstau) angeschwollenen Uterus (Gebärmutter) mitunter ganz deutlich wahrgenommen werden. Mehr oder weniger prall drängt das Corpus uteri (Gebärmutterkörper) gegen das Niveau der vorderen Bauchwand bis hin zum Mons pubis, dem sogenannten Venusberg.

Hat der Partner dies wahrgenommen, kann er durch massierendes ‚Anreiben' des fühlbaren oberen Pols (Fundus) des Gebärmutterkörpers, durch eine Art Fundus-Massage also, die weiblichen Orgasmusauslösungen beschleunigen. Manche Frauen orgasmieren darauf sofort. Es handelt sich hier um nichts anderes als um den von der Geburtshilfe her bekannten Handgriff (nach Credé), wobei durch ‚Anreiben' desjenigen Teils der Gebärmutter, der sich über den Eileiteransatz vorwölbt (Fundus uteri), heftige Pulsationen und Kontraktionen der Gebärmutter erzeugt werden. Was übrigens noch einmal auf die Tatsache hinweist, daß Orgasmen und Geburtswehen dieselbe Physiologie haben.

Die eben erwähnte Beeinflussung der Orgasmusauslösung durch manuell angeregte Gebärmutter-Pulsationen geht während des Koitus vor sich, und zwar in der vororgastischen Phase. Gerade da wirkt, um eine eventuell vorhandene vororgastische Synkope leichter überspielen zu können, eine Mundreizung der Brustknospen (oral-mamillär) besonders dann sehr erotisierend, wenn der Phallus gleichzeitig den vaginalen Längswulst, den ventralen, stimuliert. Diese Zärtlichkeiten sind also intrakoitale, und ich weise immer wieder darauf hin, daß die Frau schon wegen ihrer Anlage bei guter Partnerschaft viel weniger sogenannte vorbereitende ‚Aufreizungen' benötigt, als immer erzählt wird. Viel wichtiger ist, an diese eben beschriebenen Möglichkeiten zu denken, wenn die vororgastisch-orgastische Überleitungsphase in irgendeiner Weise Blockierungssymptome erkennen läßt. Am leichtesten gelingen diese zusätzlichen intrakoitalen Zärtlichkeiten, wenn sich die Frau rittlings über dem Mann befindet, also in feminin-superiorer Liebeshaltung. Daß es natürlich auch noch andere Stimulations-Überfeinerungen gibt (Zunge-Ohr, alle Arten von Hautzärtlichkeiten, nicht zuletzt leidenschaftliches Küssen), die dann besonders orgasmusanregend sind, wenn sie gleichzeitig mit phallo-vaginalem Liebesspiel erfolgen, sei hier nur am Rande vermerkt.

Das erotische Zusammengehörigkeitsgefühl schlechthin entsteht bei dem sich enger gestaltenden Fornix-Glans-Kontakt, beim tiefen Schoß-Phallus-Spiel. Erotischer Instinkt ermöglicht es dem Mann, diejenige Region ausfindig zu machen, in der weibliche Höhengefühle, begleitet von vaginaler Motilität, und Orgasmusbereitschaft intensiviert werden.

Es ist meist, wie ich meine, mehr die ventrale als die dorsale fornikale Region. Das phallische Streicheln des Schoßinneren läßt die weiblichen Wollustreaktionen gleichsam in die Höhe schnellen: Sie intensivieren sich zu orgastischen, zumindest zu orgasmusähnlichen Reaktionen, und auch die Hüftbewegungen verlaufen um Nuancen anders und sind nicht mehr allein durch den Willen beeinflußbar.

Die Überleitung der präorgastischen Phase in die orgastische gelingt in der im ventralen Scheidengrund gelegenen, so orgasmusanregenden Lieblingsregion in unnachahmlich beschwingter Art; dabei pulsiert die anfängliche Vaginalweitung, die sich ja selbst nur durch den Wechsel von Kontraktionen bzw. Relaxationen ausbildet, leichter in brechende Wollustwellen aus. Mit Einfühlungsvermögen für diese inneren Vorgänge kann der Mann die phallische Stimulation im Scheidengrund so gestalten, daß die vom Uterus über den Fornix bis zum Introitus vaginae ablaufenden Wollustkontraktionen orgastische oder orgasmusähnliche werden.

Ein für das innere Pulsieren gut entwickeltes Empfinden des Mannes verändert die weibliche Reagibilität in der Weise, daß alles einen befreienden und zugleich wiederanregenden Charakter annimmt – die beste Voraussetzung für das Auslösen der multiplen Orgasmie. Manchmal ist es nur eine Art von ‚Antippen‘ der Phalluskrone im Scheidengrund, manchmal ist es lediglich die Wahrnehmung des tiefen Sich-Findens. Dann allerdings sind die Gegenäußerungen der Frau unnachahmlich intensiv.

Diese Orgasmusformen sind nämlich nicht simulierbar,

nicht allein aus dem Grund, weil diese Erogeneität vorwiegend reflektorischer Natur ist, sondern auch, weil sie jedesmal unter anderen Konstellationen formenreich verläuft. Das wiederum erklärt die unerreichte Anziehungskraft dieser Erlebnisfähigkeit. Am allerwenigsten kann der Mann getäuscht werden, der die fornikal ausgelösten Reaktionen an ihrem enthusiastischen Charakter erkennt.

Hat einmal die generalisierende Erotisierung durch das Erlebnis der tiefen Vereinigung – gleichsam als Initialzündung – stattgefunden, besitzen alle folgenden Liebesspiele einen hohen erotischen Stellenwert. Ganz gleich, wo sie dann stattfinden: an der Vulva, im Vestibulum, in der Gräfenberg-Region oder beim situativ angepaßten Wechsel zwischen vestibulärer und fornikaler Stimulation – alles wirkt in hohem Maße erogen und orgasmusanregend. Sozusagen ein phallisches Streifen im variablen Spiel zwischen flach und tief wird von Antwortliebkosungen des weiblichen Organs begleitet: „Wie du es errätst, wo immer ich dich brauche."

In dieser schwer zu beschreibenden Phase völliger Hingabe kommt die weibliche Liebesaktivität voll zum Tragen, so daß schlechterdings alle Liebeshandlungen für beide erotisierend und befriedigend zugleich werden. Jeder weibliche Orgasmus und jede orgasmusähnliche Reaktion ist für die Frau Befriedigung und zugleich Liebkosung des Phallus – für den Mann in diesen Augenblicken ein viel schöneres Gefühl als der eigene Orgasmus.

Die verschiedenen peripheren Orgasmus-Auslösemöglichkeiten der Frau sind im Stadium des schönen Aufgewühltseins alle gleichwertig. Tatsächlich kann dann die Frau an jeder Stelle ihres Liebesorgans (beinahe hätte ich die Klitoris vergessen, allein auch sie ‚liebt' die phallische mehr als die manuelle Stimulation) orgasmussensitiv werden.

Die Tiefe der Vereinigung kann beispielsweise bei der sich rittlings über dem Mann befindenden Frau dadurch optimiert werden, daß die Frau ganz eng über dem Mann kauert und die Oberschenkel an seine Hüften und Lenden legt, während der Mann durch beiderseitigen Griff an die weiblichen Hüften seinen Erektionswinkel so dirigiert, daß die Penetration komplettiert und die phallo-fornikale Verbindung besonders eng wird. Dasselbe kann die Frau aber auch durch alternierendes Aufrichten und gleichzeitiges Nach-hinten-Drücken ihres Beckens erreichen. Liegt die Frau unten, kann ein Heben des Beckens und das weite Auseinanderlegen der Beine dasselbe bewirken.

Bei Vereinigung in Knie-Ellenbogen-Lage der Frau gelingt der tiefe Kontakt nie so ganz, wenn der Mann, wie oft beschrieben, dabei ebenfalls kniend hinter der Frau kohabitiert. Wenn der Mann dagegen richtiggehend den Reitersitz von hinten einnimmt, und dabei seine Beine vor dem Unterleib der Frau zusammenführend aufstützt, kommt er weit nach innen; nach dem Aufsitzen des Mannes ist der Ellenbogen-Stütz der Frau unnötig, sie kann den ganzen Oberkörper flach auflegen, während der Unterleib – wie in der bekannten Pose der Koketterie – sich schräg nach oben richtet. Das weibliche Perineum (Damm = kleine Gegend zwischen After und Scheide) wirkt als Hebel an der Phallus-Wurzel, so daß die gestaute, glockenförmig verdickte Glans direkt mit dem Fornix zusammentrifft.

Besonders wenn durch Blutstau der Eichelrand hart und wulstig wird, reagiert das Scheidengewölbe mit heftigen Wollustkontraktionen und Lustlösungsreaktionen, die freilich graduell abhängig sind von den konstitutionellen Gegebenheiten und den in dieser Richtung gemachten positiven Lernprozessen.

Bei längerem erotischem Zusammensein kann das weibliche Organ morphologisch ein recht unterschiedliches Erscheinungsbild zeigen, was dennoch physischer Ausdruck der gleichen Eros-Harmonie ist: das Weiche, Samtene, Weite und Feuchte oder das Enge, Umschließende und fast griffig Unbenetzte.

Gehen wir davon aus, daß durch das phallische Reizen des Scheidengewölbes die weibliche orgastische Anlaufzeit erheblich verkürzt wird, so erklärt sich, daß der Mann ein Gefühl der befriedigenden Sicherheit bekommt, wenn er schon im Anfangsstadium der Vereinigung spürt, daß bei der Partnerin Höhengefühle da sind. Außerdem erhöhen sich in den Orgasmus-Intervallen der Frau für den Mann die Kontrollmöglichkeiten seiner eigenen Reaktionen. Endlich ist es unverkennbar, daß die anfänglich schon erfüllte Frau mit vollem Herzen bereit ist, sich den bestimmenden Führungskräften des Mannes anzuvertrauen.

Eine gewisse Möglichkeit der Ejakulationssteuerung ist dem Mann in innigem Scheiden-Rutenkopf-Kontakt möglich: durch Drücken des Rutenkopfes gegen das ventrale Scheidengewölbe, und zwar in tief verharrendem Kontakt. Darauf werde ich noch näher eingehen.

Zur Liebesfähigkeit des Mannes

Das Folgende wird sinnfälliger, wenn wir uns daran erinnern, daß das leicht Verwundbare bei Mann und Frau verschieden verteilt ist und daß deswegen die Pendants der funktionellen Hauptprobleme des Mannes weiblicherseits entweder nur eine untergeordnete bzw. gar keine Rolle spielen. Oder sie sind, ganz im Gegenteil, bei der Frau geradezu Zeichen hoher erotischer Begabung. So ist, wie wir wissen, der schnell erreichte Orgasmus bei der Frau erwünscht (multiple Orgasmie), beim Mann dagegen höchst unerwünscht, weil dies bei ihm vorzeitigen Samenerguß (Ejaculatio praecox) bedeuten würde.

Trotzdem wird von Theoretikern dem Gleichheitsschema zuliebe beispielsweise die dauernde Unfähigkeit, überhaupt einen Erguß zu haben (Ejaculatio deficiens) den weiblichen Orgasmusstörungen gegenübergestellt, obwohl dies beim Mann zu den allergrößten Seltenheiten gehört. Ansonsten werden unzählige Impotenzbeschreibungen gebracht, und daraus soll man sich dann, offenbar indirekt, etwas über die Potenz des Mannes ausmalen.

Demgegenüber habe ich schon begründet, daß sehr viele Ängste des Mannes ganz einfach aus der unterschiedlichen Anlage, aus den normalen Gegebenheiten also, zu erklären sind. Es sind nämlich zu einem erheblichen Teil Spielarten normalen Geschehens und ferner eventuell nur relative Potenzstörungen (Hin-und-wieder-,Impotenz'), die naturgemäß in allen Phasen des normalen männlichen Liebeslebens mit Unsicherheitsfaktoren besetzt sind, ohne daß es sich dabei um Versagenszustände handelt.

Was sind denn die bis zum Überdruß an Fallbeispielen

aufgezeichneten, neuerdings bald allgemein mit einer Vielzahl von Minderwertigkeitskomplexen besetzten Ängste? Sie bestehen einmal in allgemeiner ‚Potenzangst', in der Befürchtung, ‚mangelhafte' Erektionskraft (‚ungenügende' Gliedsteife) zu haben, dann in dem Zweifel, ob die Erektion in Gegenwart der Partnerin ausreichend lange aufrechterhalten werden kann, ferner in der Angst, ob sie *ante* oder *intra portas* ‚umfalle', und viertens in der Angst vor allzu schnellem Orgasmuseintritt.

Vor allem die ersten beiden Ängste werden bekanntlich dadurch verstärkt, daß der Mann ständig seine Aufmerksamkeit auf sie lenkt. Da kein Mann eine Erektion herbeizwingen kann, entsteht der typische Teufelskreis: Je mehr ein Mann seine Reaktionen bzw. Nichtreaktionen kritisch betrachtet und sein ganzes Denken darauf richtet, desto mehr lenkt er sich von der spontanen Steigerung seiner Erregung (und damit von der Erektion) ab, abgesehen davon, daß die Erektion ohnehin größtenteils unwillkürlich geschieht. Statt sich auf die von der Partnerin ausgehenden Signalreize zu konzentrieren und zu verlassen, unternimmt er krampfhaft Kontrollversuche an der eigenen Reagibilität.

Dieses potenz- und erektionszerstörende Verhalten grassiert so recht, seitdem Impotenzsymptome, die obendrein gar nicht relativiert werden, zum Alltagsthema wurden. Wie Medizinstudenten sich schon bei der Lektüre einzelner Symptome gleich ganze Krankheiten einbilden, geschehen auf diesem Gebiet die unsinnigsten Selbst-Fehldiagnosen. Schuld daran tragen die, die möglichst aufdringlich jene Zustände und Situationen beschreiben, die dadurch gekennzeichnet sind, daß beim Mann ‚nichts' oder nur Halbes ‚passiert'. Es ist Unfug, situations- bzw. partnerinabhängige Dekompensationserscheinungen als Fallbeispiele von Potenzstörungen anzuführen. Kein Wunder, wenn auf der sogenannten Impotenzwelle unkontrollierbares Zahlenmaterial verkündet wird und in abstrusen ‚Feststellungen' davon die

Rede ist, daß die halbe Männerwelt impotent sei – während in Wirklichkeit relativ wenige Männer tatsächlich permanent impotent sind.

Die Spitze der Groteske hinsichtlich des eben Gesagten ist freilich der sogenannte Potenztest, den ich nur deswegen erwähne, weil dort exakt das Gegenteil von dem, was ich unter männlicher Potenz verstehe, auf einem sonderbaren Prüfstand getestet wird. Dort wird in einer Weise männliche Potenz bzw. Impotenz diagnostiziert, die, so bin ich mir sicher, unweigerlich dem, der sich dieser Prozedur unterzieht, den letzten Rest von Potenz nimmt. Dem ‚Patienten' wird als Potenz-Meßgerät eine Schlinge um den Penis gelegt, in der Art, wie man plethysmographisch den Blutdruck mißt. Und nun wird simulierter Sex geboten: Akt-Fotos und Sex-Raumton. Bleibt der Penis bei dieser zweifelhaften Techno-Diagnostik (‚Rührt sich was?') ruhig, ist der arme Delinquent durchgefallen und ein weiterer Fall von angeblicher Erektionsschwäche ‚diagnostiziert'!

Ich würde eher sagen, daß es ein Zeichen von gesunder Sexualität eines Mannes ist, wenn er auf solch billigen und noch dazu höchst verkünstelten Sex nicht reagiert, denn schon die Grundlage dieses seltsamen Tests ist nur Verklemmtes. Wer reagiert denn noch auf versexte Leinwand und Sex-Simulatoren ohne realen Partnerbezug?

Ich empfehle dagegen aus sexualökonomischen Gründen (um in der partnerschaftlichen Liebe potent zu sein), sich im Zeitalter permanenter Reizüberflutung mit simuliertem Sex nicht ‚verleimen' zu lassen, d. h., einen Abwehrreflex gegen faulen Zauber zu entwickeln. (Ganz abgesehen davon, daß erotisch normal Empfindende schon den Dunstkreis solcher Sex-Ambulatorien meiden.) Denn jeder Mann, dessen natürlicher Abwehrreflex noch funktioniert, würde ja dort als ‚Impotenter' herauskommen. Nein, es ist ein Zeichen ausgereifter Männlichkeit, wenn unphysiologische Reize stumpf bleiben. Ein gestandener Mann lacht höchstens darüber, sieht in dem Nichtreagieren vielmehr den Beweis dafür, daß er sich gegen frustrierende, nichtpartnerbezogene Reizüberflutung abzuschirmen vermag.

Aber, was viel gravierender ist: Gerade dieses Hinlenken der Aufmerksamkeit auf die eigenen Reaktionen ohne realen Partnerbezug bringt sicher nur ichbezogenes Fehlverhalten, und die Examens- und Testangst züchtet man doch erst, wenn man den Penis an die Testleine hängt (‚Nun zeig mal schön, was du kannst!‘). Der gebannte Blick schräg nach unten (mit der Was-kommt-denn-da-[nicht]-Miene), ein Verhalten also, das, statt die Impulse der Partnerin anzunehmen, nur verkrampft die eigenen ‚Startreaktionen‘ registriert, bringt, wie begründet, nichts weiter als den Verlust jeglicher Spontaneität und Sicherheit.

Und noch eins: Männer mit starken erotischen Energien sind weniger die sogenannten harten, sondern mehr die sensitiven, die es gelernt haben, ihre in der Nähe von Hemmungen liegenden Gefühle, die übrigens jeder hat, diese zarten Gefühle in erotische Aktivität zu verwandeln. Vielen gelingt das nicht, weshalb die Mehrzahl der vermeintlich Potenzgestörten, die ja nur zeitweise, relativ und fakultativ Schwierigkeiten haben, sich hauptsächlich aus stark gefühlsbetonten Menschen rekrutiert. Und was kann da der frustratorische Penisschlingentest anrichten!

Demgegenüber verstehe ich unter männlicher Liebesfähigkeit nicht ein nach ichbezogenen Kriterien ausgerichtetes Verhalten, sondern die partnerinbezogene Liebesfähigkeit.

Gegen Angst vor ungenügender Erektion

Auf die spezifisch weibliche Reaktionsweise sich einzustellen, ist die Basis für optimale männliche Liebesfähigkeit. Das ergibt sich dadurch, daß man weniger Selbstrealisation im

Kopf hat, sondern mehr die dualen Gefühle und deren Wechselwirkungen und -beziehungen zum Tragen bringt. Ich bin der Meinung, daß der Mann um die spezifisch weiblichen Ausdrucksformen der Liebe wissen, sie erfühlen lernen soll, und er wird zu einer richtigen Selbsteinschätzung seiner erotischen Möglichkeiten kommen.

Deshalb habe ich durch das ganze Buch schon bisher immer die männlichen Liebesfähigkeiten in den jeweils passenden Zusammenhang mit den weiblichen Liebesfähigkeiten gebracht. Sehr Wesentliches ist also, wenn auch oft indirekt, schon ausgesagt.

Nicht ein dem Masturbieren nachgemachtes ‚Erledigen' der ‚Triebabfuhr', sondern das Verstehen der weiblichen Zenit-Reagibilität bringt die richtige Entfaltung männlicher Möglichkeiten.

Daraus ergibt sich eine andere Beurteilung der erektiven Potenz: Nicht auf die extravaginale, autosexuell erzielte Erektionsfähigkeit kommt es an; vielmehr kennzeichnen die sich intravaginal entwickelnden phallischen Potentiale die Liebesfähigkeit des Mannes.

Viele Männer fragen sich, warum sie bei allen möglichen Gelegenheiten, nur nicht in Gegenwart der Partnerin, eine Erektion verspüren. Die Antwort ist einfach die, daß eine nicht auf den Partner bezogene Sexualisierung eben keine zuverlässige Prognose für die entsprechenden Fähigkeiten beim phallischen Schoß-Spiel zuläßt. Und überdies erzeugt rein manuelle Stimulation andere taktile Reize und Reiz-Reaktionsabfolgen, was oft zur Folge hat, daß beispielsweise die so erzeugte Gliedsteife beim Koitusbeginn schnell wieder schwindet.

Eine wirksame Verhaltenstherapie funktioneller Schwierigkeiten fußt in erster Linie auf dem Verfahren der systematischen Desensitivierung, das heißt, es wird systematischer Angstabbau angestrebt. Nach meinen Erfahrungen verlieren die angstbesetzten Faktoren, vor allem die Angst vor ungenügender Erektion, schon dann zum großen Teil ihren irritierenden Charakter, wenn man dem Verunsicherten die heterosexuellen Wechselwirkungen, aber auch die gegenseitige Ergänzung der Sexualfunktionen samt ihrer Problematik eingehend erklärt. Die eingangs beschriebene Methode der bloßen Information über die normalen Gegebenheiten bewährt sich besonders bei der männlichen Problematik, bei der Beseitigung von Ängsten: In erster Linie gehört zum systematischen Angstabbau der Hinweis, daß grundsätzlich der phallische Gestaltwandel ein Element der normalen männlichen Sexualität ist. Zweitens braucht sich der Mann, um allein dadurch schon wieder sicherer zu werden, nur zu vergegenwärtigen, daß das Pendant seiner eventuellen Erektionsveränderungen (vermeintlicher ‚Pannen') nichts weiter ist als das Stillerwerden der inneren weiblichen Aktivitäten – freilich mit dem Unterschied, wie auseinandergesetzt, daß letzteres Phänomen, wie die meisten weiblichen, morphologisch uncharakteristisch und ganz und gar nicht offensichtlich ist. Und wenn er drittens bedenkt, daß der Ausfall weiblicher Reaktionen obendrein, rein koitustechnisch gesehen, gar nicht ins Gewicht fällt, ist ein weiterer Schritt getan, um ihn von der Einbildung zu befreien, er sei an allen Koituspannen schuld. Dieses Wissen ist somit eine Art von Selbst-Psychotherapie, die die Zahl der unnötig um ihre Potenz Besorgten deutlich zu verringern vermag.

Eine derart beruhigende Information über die Funktionsproblematik, die der männlichen Liebesfähigkeit nun einmal anhaftet, hat neben ihrer methodischen Kürze den Vorteil, daß sie länger nachwirkt. Da es aber immer noch zu viele von der Impotenz-Welle verunsicherte Männer gibt, die jede Veränderung des Erektionswinkels (der Winkel, den der erigierte Penis zum eigenen Körper hin bildet) ängstlich registrieren und bei der nächsten sich einstellenden Erektionsverminderung glauben, wieder von ihrem ‚Leiden' befallen zu sein, sind es besonders die scheinbaren Rückfälle, die zusätzlich

Verwirrung stiften und möglicherweise echte Krisen sowie tatsächlich fixiertes Versagen zur Folge haben.

Deswegen vermittelt die Aufklärung, daß selbst mehrmals auftretende Erektionsveränderungen und -mängel nicht unbedingt Zeichen von Impotenz (oder deren Beginn) sein müssen, dem Mann ein wirklichkeitsgetreueres Bild von der diffizilen Struktur seiner Fähigkeiten. Und weiterhin beruhigt die Information, daß auch künftig ähnliche, vielleicht prekäre Situationen eintreten können und daß aber auch diese nicht Zeichen einer Potenzstörung sein müssen, weil sie ebenfalls Bestandteil der normalen Liebesfähigkeit sind, sozusagen zu deren physiologischer Ausstattung gehören. Das Wissen, daß die Potenz prinzipiell ein instabiler Faktor ist und daß das analoge Phänomen beim weiblichen Geschlecht der unsichtbare Bestandteil der weiblichen Lustlösungsfähigkeit ist, gibt dem Mann jene Selbstsicherheit und Gelassenheit, die nun einmal die Hauptvoraussetzungen für die optimale Entfaltung männlicher Liebesfähigkeit sind. Diese Methode ist zugleich die beste, um aus der großen Zahl vermeintlich Potenzgestörter die viel kleinere Zahl tatsächlich permanent Impotenter auszusondern.

Sind so die erotischen Erlebnisschwierigkeiten, die zum Verlust der Spontaneität und notwendigen Nonchalance geführt haben, überwunden, kann der Mann seine Möglichkeiten voll entfalten und unbekümmert erotische Erlebnisfreude erreichen. Damit komme ich auf den Ausgangspunkt zurück, nämlich den Gesichtspunkt, daß die erektive Potenz ihren Stellenwert nicht durch ichbezogene Faktoren erhält, sondern nur in Relation zu den von der Partnerin ausgehenden Impulsen richtig beurteilt werden kann.

Statt unsinnigerweise schon vor der Begegnung seinen möglichen Erektionswinkel quasi im Geiste auszumessen, soll der Mann erst einmal gelassen die im Laufe der Begegnung sich herausstellenden erotischen Signale und Appelle (Sex-Appeal) der Partnerin annehmen und auf sich wirken lassen. Für den Mann gibt es kein größeres erotisches Stimulans als die Wahrnehmung der weiblichen Leidenschaft, und deswegen soll er gar nicht damit anfangen, die eigene Potenzstabilität zu testen oder testen zu lassen und dabei womöglich schon vorher die ‚Aktien unter der Hand zu verschleudern'. Vielmehr soll er die erotische Ausstrahlung seiner Partnerin testen, denn Anzeichen des wachsenden weiblichen Begehrens erregen den Mann, und die Erotisierung steigert sich spontan, indem der Funke der Erregung wechselseitig überspringt *(Coup de foudre)*.

Ferner wissen wir, daß es nicht auf das, was *ante portas* geboten wird, ankommt, sondern auf die Entfaltung der Liebeskräfte im Schoßinneren. Die bekannte ‚Examensangst', die Angst vor ungenügender präkoitaler erektiver Potenz (mangelnder Erektionskraft vorher), wird gegenstandslos, wenn man sich von der Vorstellung löst, die Rute müsse zum Kohabitationsbeginn mit der Note Eins ‚dastehen'. Dazu kommt meist als zweites die irrige Meinung, der Mann müsse in Erektionsstabilität ‚durchstehen'. Vieles davon ist oktroyiert, aber sehr viele Männer streben auch selber nach einem diesbezüglichen, nichtsdestoweniger sexuell völlig unpassenden Perfektionismus.

Dabei ist eines gewiß: Am allerwenigsten sind es die Frauen, die solches verlangen oder erwarten. Überdies habe ich schon auseinandergesetzt, daß die Annahme, eine „knüppelharte“ Erektion sei zum Liebesspiel unerläßlich, auf der altertümlichen Vorstellung beruht, die Frau tue nichts dazu. Deshalb habe ich ohnehin empfohlen, den direkt anregenden Organwirkungen zu vertrauen und in losem Ruten-Vulva-Kontakt das Liebesspiel einzuläuten. Das Erlebnis, daß sich die erogene Steigerung erst im Verlauf der Vereinigung vollziehen kann, und die Wahrnehmung, daß der Phallus im Schoßinneren viel größer werden kann als beim Vorspiel, macht den Mann sicherer und nimmt ihm so manche unsinnige Zwangsvorstellung.

Gerade in der idealen Partnerschaft, bei der die Frau die phallischen Fähigkeiten von früher her kennt, ist es völlig unwichtig, in welchem Erektionszustand begonnen wird. Und wenn man weiß, daß phallischer Gestaltwandel zur Norm gehört, macht man sich viel weniger Gedanken darüber, ob das eben vorhandene Erregungsstadium den momentanen Wünschen entspricht oder nicht. Der mit dem subtilen Spiel des aktiven Schoßes vertraute Mann reagiert schon irgendeinmal auf die weiblichen Wollustreaktionen in voller Schönheit, vor allem mit zusätzlicher Glans-Erektion, die – vice versa – die fornikale Stimulation steigert. Zusammen mit dem Wahrnehmen wachsender Liebesfähigkeit durch das Spiel der Liebesorgane wirkt sich dies alles deutlich angstlösend aus.

Umfallangst muß nicht sein

Mit der Befürchtung, eine ‚mangelhafte' (vaginauntaugliche, penetrationsunfähige) Erektion zu haben, hängt eng eine zweite Sexualangst zusammen, die Befürchtung nämlich, die Erektion nicht lange genug aufrechterhalten, nicht ‚durchstehen' zu können. Diese Versagensangst beruht auf dem phallischen Irrtum, die Erektion dürfe intrakoital nicht abnehmen. Die Folge davon ist, daß der Mann seine Spontaneität verliert und nervös wird, wenn er spürt (oft nur zu spüren meint), daß der Penis kleiner wird. Schon überlegt er wieder zuviel. Indem er es krampfhaft zu verhindern sucht, tritt ein, was er befürchtet, nämlich, daß sein Penis im Schoß tatsächlich ‚umfällt'. Aus einem solchen, durch Fehlhaltung induzierten Erlebnis kann sich eine allgemeine Koitusscheu entwickeln. Dieses durch das Registrieren eigener Reaktionen erst recht verstärkte Fehlverhalten kann noch ein weiteres nach sich ziehen: In der Meinung, Vollsteife sei unerläßlich, werden eventuell die Koitusbewegungen forciert, was aber andererseits die Ejakulationslatenz verkürzen kann, d. h., daß auch noch unerwünscht schnell die Ejakulation eintritt. Es besteht insofern ein gewisser funktioneller Antagonismus, als jene Faktoren, die einerseits die Erektionsfähigkeit positiv beeinflussen, dieselben sind, die andererseits den Ejakulationseintritt beschleunigen, wovon noch die Rede sein wird.

Im übrigen kann die Meinung, der Mann führe nur erektionsstabile ‚Stöße' aus, nur aus der Zoologie stammen. Bei einem hastig heruntergespulten Hoppla-hopp-Koitus mag es freilich so sein.

Gegenüber all diesen irrtümlichen Anschauungen ist es Realität, daß An- und Abschwellphasen des erigierten Gliedes, die freilich dem Mann nicht bewußt werden, während der gesamten Vereinigung stattfinden; bei längerer Kohabitationsdauer ist nicht Erektionsstabilität, sondern sind Erektionsschwankungen die Norm. Die Erektion ist mithin intrakoital keineswegs stets vollständig, sondern sie ist, abhängig von verschiedenen Faktoren und Konstellationen, insbesondere abhängig von weiblichen Gegenäußerungen, ständigen Größen- und Formveränderungen unterworfen, sozusagen von eher fluktuierender Beschaffenheit.

Der größte Fehler ist deswegen, jedes Decrescendo, jede Veränderung der Erektionsverhältnisse, vor allem partielles phallisches Abschwellen als ‚Schwächeanfall' auszulegen oder sich selbst solches einzureden.

Die beste Sexualberatung ist folglich der klare Hinweis, daß Länge, Steifheit und Blutfülle des Phallus (normalerweise) während des Koitus Schwankungen unterworfen sind und daß gerade diese physiologische Erektionsinstabilität beispielsweise der Unterschied zum Plexiglas-Penis ist. Mit spürbarer Erleichterung werden solche Informationen aufgenommen, und die Sensitivität gegenüber angstauslösenden Situationen nimmt deutlich ab. Ich möchte auch in diesem

Zusammenhang noch einmal hervorheben, daß all diese Informationen sich aus dem Studium der normalen Sexualstruktur ableiten lassen und daß sie folglich ohne Seelenquetsche abgegeben werden können.

Auf der anderen Seite bedeutet die fluktuierende Phallusbeschaffenheit für die Partnerin in gewisser Hinsicht ein erotisches Stimulans. Genau das Gegenteil der männlichen Befürchtung, seine Erektionsminderung könne die Frau ‚enttäuschen', kann der Fall sein: Die Wahrnehmung, daß sich der Phallus unter dem Einfluß der Schoß-Zärtlichkeiten sozusagen ‚erholt' und größer wird, bringt der Frau ja nur die Wirkung ihrer erotischen Attraktivität zum Bewußtsein. Statt sich in abschätzenden Bemerkungen über die sogenannten ‚schwachen' Punkte auszulassen, freuen sich beide, die Liebesfähigkeiten des anderen anzuregen. Die subtilen gegenseitigen Beeinflussungen durch geschlechtsspezifisches Antwortverhalten geben dem Akt den Charakter eines schönen, sich wechselweise eskalierenden Liebesspiels.

Die Vertrautheit mit den direkten restimulierenden Wirkungen des weiblichen Liebesorgans eröffnet dem Mann die natürliche und erotisch beste Erregungsquelle und bringt ihm jene Luststeigerung, von der ich schon ausführlich sprach. Zum Beispiel kann ein eng die Peniswurzel und den Rutenkopf umschließender Scheidenmund und ein der Glans sich anschmiegender und vibrierender Fornix die schnelle Renaissance phallischer Kräfte bewirken; hinzu kommt, daß die Frau mit zunehmender Erotisierung phallische Größen- und Formveränderungen gar nicht so deutlich wahrnimmt – nicht zuletzt des fornikalen Deszensus („Entgegenkommens") wegen. Was bedeutet, daß ein momentan kleiner gewordener Penis noch lange nicht den Dienst vernachlässigt und daß Befürchtungen, hier könnte die Penisgröße unzureichend sein, unbegründet sind.

Aber auch Gegenteiliges muß erwähnt werden. Was man die relative (nur bei bestimmten Partnerinnen auftretende)

Impotenz nennt, kann in Wirklichkeit alles andere als Impotenz sein, nämlich die passende Re-Aktion (im wörtlichen Sinne also) auf inadäquate bzw. unzureichende Sexualreize der Partnerin. Wie wir inzwischen wissen, ist das Gegenstück der Erektionsschwankungen das Variieren der vaginalen Lustwellen sowie die wechselnde Blutfülle der Vorhofschwellkörper und der vaginalen Längswülste. Insbesondere der ventrale Längswulst fühlt sich, wie beschrieben, entsprechend dem jeweiligen Sexualisierungszustand mehr oder weniger wie eine durch dichte Fältelung vergrößerte Reibefläche an – oder aber nicht. Er kann also sehr orgasmus-sensitiv im positiven Sinne sein, und zwar in diesem Zusammenhang auch für den Mann, oder nicht.

So machen die direkten physischen Folgen psychischer Unlust die Frau zur Besitzerin eines ‚faden' Schoßes, oder es herrscht aus anderen Gründen Schoß-Flaute. Es sei hier die möglicherweise entlarvende Bemerkung gemacht, daß eine schwing- und schwunglose, unelastische und kontraktionsarme Vagina viel häufiger entsprechend lustlose Reaktionen des Mannes verursacht, als man annimmt. Ist es verwunderlich, daß der Penis den Kopf hängen läßt, wenn die Vagina lahm und gar nicht anschmiegsam ist? Die entsprechend lustlose (pseudo-impotente) Penisreaktion ist in diesen Fällen alles andere als eine Sexualstörung, sondern die folgerichtige Reizbeantwortung des Mannes. Dazu, nur um es sinnfälliger zu machen, die Bemerkung: Weniger die Falten im Gesicht als die Faltenlosigkeit im Schoß (Vaginalatrophie) sind Anzeichen weiblichen Alterns.

Den um ihre Potenz besorgten Männern soll man vornehmlich das vor Augen führen, was schon eingangs über die funktionellen Vorteile der weiblichen Sexualität gesagt wurde: Während beim Mann der entweder den Kopf hängenlassende oder ihn aufrecht tragende Penis, der sich noch dazu außerhalb des Leibes befindet, doch einiges verrät, braucht sich die Vagina, die außerdem während des gesamten Reaktionszyklus viel weniger Gestaltwandel erkennen läßt als der Penis, ja nicht aufzurichten und zu vergrößern. Und da die weiblichen Bereitschafts- und Orgasmusreaktionen überhaupt weitaus undurchsichtiger sind als die männlichen, erklärt es sich ganz einfach, daß die Frau viel leichter schauspielern kann, daß aber der Mann, der weder Aufrichtung noch Gliedsteife noch Orgasmus vortäuschen kann, naturgemäß mehr mit diesen Ängsten zu tun hat als die Frau. Wenn man aber dem verunsicherten Mann diese Tatsachen, die zum erotischen Normbereich gehören, in aller Deutlichkeit vor Augen führt, verliert gewiß ein gut Teil seiner geheimsten Ängste an Bedeutung. Jedenfalls wirkt dies dutzendmal angstlösender als so manche strapaziöse Psycho-Sozio-Analyse.

Zusammenfassend sei wiederholt, daß meines Erachtens die Abnahme der Empfindlichkeit gegenüber den beschriebenen negativen Faktoren am wirkungsvollsten gelingt, wenn man informiert, daß ein break-down der Potenz, gleich welcher Art, absolut kein Beinbruch ist, weil dies jedem, wirklich *jedem* Mann ‚passieren' kann. Ich gehe sogar weiter und sage, wie ausführlich begründet, daß ‚Potenzschwierigkeiten' aller Art zur Normalausstattung gehören und daß vieles, was man hierzu hört, Behauptungen außerhalb der Wirklichkeit sind. Folglich ist es sinnwidrig, wenn aus einem solchen Erlebnis, das jeder Mann zur Reife benötigt, ein ‚fürchterlicher' Komplex gemacht wird, ein Schockerlebnis mit Würgen im Hals. Besser ist, wenn der Partner die Gedanken von sich weg zur Partnerin lenkt und, wie ich absichtlich wiederhole, darauf vertraut, daß durch Scheidenaktivitäten, die das eigentliche Gefühl des innigen Verbundenseins vermitteln, eine Renaissance der Erektion wie von selbst erfolgen kann. Und daß die Füllung der Scheideneingangsschwellkörper, die pralle Fluxion der Längswülste, der erhöhte Turgor im gesamten Becken den Penis sehr wohl bis zu einem gewissen Grad zu restimulieren vermögen. Er soll sich weiter erinnern, daß andererseits eine möglicherweise gleichzeitig vorhandene Schoßflaute, die die Penisflaute begünstigt haben kann und die ja das Gegenstück der mangelnden Gliedsteife ist, kaum wahrgenommen wird; daß bei der Frau das meiste im Inneren vor sich geht und daß vaginale Schwunglosigkeit kein Koitushindernis ist.

Zu guter Letzt die zwar etwas boshafte, aber richtigstellende Bemerkung: Hätten Ausfallen und Nachlassen der unsichtbaren weiblichen Reaktionen die gleiche Bedeutung für die Koitusfähigkeit wie die entsprechenden sichtbaren männlichen, wäre die Impotenz des Mannes nicht das Thema Nummer Eins.

Gegen die Angst vor dem sogenannten „vorzeitigen" Samenerguß

Ein recht diffiziler Fragenbereich ist hier zu erörtern. Denn einerseits ist das, was man so gemeinhin unter einem vorzeitigen Samenerguß versteht, wie schon zu diskutieren begonnen wurde, grundsätzlich eine normale Reaktion. Es handelt sich nämlich beim Samenerguß, dessen Synonym Orgasmus ist, was ich wegen der Sinnfälligkeit hierzu anführe, zunächst um eine Potenz, sozusagen um die zweite. Hier wird allmählich einigermaßen ersichtlich, wie recht differenziert die männliche Anlage strukturiert ist.

Die erste Potenz ist mithin die Erektionsfähigkeit, die zweite ist die ejakulative, die Orgasmusfähigkeit. Folglich ist es im Grunde falsch, eine Fähigkeit zugleich als Störung anzusehen. Andererseits bringt die Rücksichtnahme auf die Partnerin, die freilich selbst derartige Probleme nicht hat, einen anderen Stellenwert für die ejakulative Potenz, die Erguß-Fähigkeit, die auch dann als an sich physiologisch anzusehen ist, wenn sie unverzüglich vor sich geht.

Aus diesen ganz verschiedenen Gegebenheiten entstehen natürlich in praxi Schwierigkeiten, gerade bei gegenseitiger Anfangsverliebtheit. Geht es beim Mann besonders ‚schnell', kann sich bei der Frau allmählich, trotz weiterbestehender Zuneigung, ein gewisser Widerwille entwickeln und dessen Folge wiederum können längere koitale Karenzzeiten sein, was dann erst recht die Disposition für überschießende männliche Reaktionen erhöht. Denn der an sich schöne erotische Drang, fachlich Libido genannt, kann in dem besonderen, aber sehr häufig vorkommenden Fall einen typischen Teufelskreis auslösen. Der manchmal alles so verderbende übermäßige Ejakulationsdrang, etwas, das die Frau schon von Natur aus gar nicht richtig mitempfinden kann, entsteht natürlich erst recht durch ihr koitusscheues Verhalten. Und letzteres entsteht wiederum dadurch, wie angedeutet, daß der Frau durch männliches ‚Schnell- und Schlechtschießen' die Lust so vergangen ist, daß sie nur mehr selten – verständlich – ‚dazu' zu bewegen ist. Der angesprochene Teufelskreis besteht, mit anderen Worten, darin, daß der Mann, je nach Alter, wegen der verlängerten ‚Wartezeit' und des vorangegangenen Handikap-Erlebnisses nervös wird, durch angesammelte Libido Überreizung erkennen läßt, so daß der Bogen einfach überspannt ist.

Wohingegen eine den weiblichen Anliegen entsprechende Steuerungsfähigkeit des Partners die orgasmische Frau immer aktiver macht, was wiederum den Mann positiv beeinflußt, so daß sich hieraus ein positiver Funktionskreis ergibt. Was hier skizzenhaft vorgezeichnet wurde, werde ich nun näher begründen.

Dabei gehen wir am besten noch einmal davon aus, daß das unverzügliche Erreichen des männlichen Orgasmus rein physiologisch ist. Wenn Prof. Volkmar Sigusch den „Ejakulationsstörungen" eine „eigenständige Krankheitsentität" (24) abspricht, so ist das richtig; es sollte aber noch mehr betont werden, daß es ein Rechtzeitigkeits-Schema gar nicht geben kann. Der von Richard Huber angeführte biologische Aspekt, daß „die meisten Arten" während der Kopulation „ziemlich wehrlos und potentiell gefährdet" sind und sich folglich nicht den „Luxus langer Kopulationszeiten leisten" (8) können, also rasch kopulieren, veranschaulicht, daß die willentliche Verzögerung des Orgasmuseintritts eine verstandesmäßig erworbene Eigenschaft des Menschen ist.

Sprachlich richtig wäre es, nur das totale Ausbleiben des Samenergusses, die Ejaculatio deficiens, zu den Ejakulationsstörungen zu rechnen. Es ist mir aber wahrlich nicht um den Aussagewert irgendwelcher Ordnungsschemata zu tun, sondern um das Zeigen von Sinnwidrigkeiten, die dadurch entstehen, daß man alles vom Krankhaften her abhandelt. Die Ejaculatio praecox ist aber keine Potenzstörung.

Trotz alledem ändert dies nichts an der ebenso wichtigen Tatsache, daß der ganze Vorgang durch den Partnerbezug einen veränderten Stellenwert erhält. Den Ausweg aus dem Dilemma der widersprüchlich erscheinenden Aspekte bringt der Bezugspunkt: reife, kultivierte Sexualität. Die Rücksichtnahme auf die Partnerin erfordert den Entwicklungsgang von der ichbezogenen sexuellen Betätigung zur dualitätsbezogenen Liebesfähigkeit des Mannes.

Bei der ichbezogenen (autosexuellen) Aktivität, der Selbstbefriedigung, entfällt dieser Bezug. Die Zeitspanne, innerhalb der man bei heterosexueller Aktivität von ‚vorzeitig' sprechen würde, wäre bei einem masturbatorisch erzeugten Orgasmus immer ‚rechtzeitig' – auch bei der Je-schnellerdesto-besser-Art. Chronisch betriebene Selbstbefriedigung zementiert folglich die ichbezogenen Lernprozesse, und zwar in Richtung auf schnellen Orgasmuseintritt. Der Übergang von der erotischen Ich- zur Wir-Erlebnisfähigkeit wird blockiert. Auch bei der homosexuellen Aktivität spielt der Begriff „Vorzeitiger Samenerguß" keine Rolle, weil gleichgeschlechtliche Abläufe zeitlich ohnehin leicht aufeinander abgestimmt werden können.

Im Folgenden sei einiges bemerkt, das sich auf die Versuche bezieht, den allzu schnellen Orgasmuseintritt zu verhindern. Es kann dabei versucht werden, durch willentliche Bewußtseinsvorgänge gewisse Steuerungs- und Kontrollmöglichkeiten in einem auf die Partnerin abgestimmten Lernprozeß anzustreben.

Sehr oft wird von ‚Ejakulations- bzw. Orgasmusverzögerung' oder ‚Ejakulationskontrolle' gesprochen. Diese Bezeichnungen sind, wie ich nochmals bemerken will, sachlich nicht richtig, da man die Ejakulation selbst ja nicht mehr hinauszögern kann, sondern allenfalls die vororgastische Phase, in der das ‚Samengefühl aufsteigt'. Im übrigen gehört auch dies zum normalen Bestandteil männlicher Reagibilität, denn das Fehlen des Gefühls des herannahenden Orgasmus kann unter Umständen ein gewisses Manko, in seltenen Fällen pathologisch sein.

Hier und da begegnet man der Meinung, der Koitus könne in Halberektion generell verlängert werden. Dies trifft nicht zu, im Gegenteil: So gelingen Versuche, die eigenen Reaktionen unter eine gewisse, ohnehin nur beschränkt mögliche Kontrolle zu bringen, viel weniger als in Vollerektion.

Es gibt Versuche, den sexuellen Überdruck durch Selbstbefriedigung vor dem Koitus zu korrigieren. Wenn aber das, was beabsichtigt war, mißlingt, liegt es daran, daß die sexuelle Gleichgültigkeitsphase (Refraktärphase) nach Onanie zeitlich anders verläuft als in der Zweierbeziehung (vom seelischen Frust gar nicht zu reden). Nach Selbstbefriedigung besteht ein schlecht einzuschätzendes Stadium der Wirkungslosigkeit gegenüber den Reizen der Partnerin. So kann es statt der angestrebten Erektionsverlängerung zum aktuellen Verlust der partnerinbezogenen Liebesfähigkeit kommen. Und außerdem ist, wie ich schon sagte, in Halbsteife das Hinauszögern des Orgasmuseintrittes kaum möglich. Auch während einer lustarmen Kohabitation gehen oft die willentlichen Beeinflussungsversuche schief, da hierbei das

Herannahen der Ejakulation weniger oder kaum wahrgenommen wird.

Die Kontrollversuche in der vororgastischen Phase gelingen dagegen am ehesten, wenn der Rutenkopf prall mit Blut gefüllt ist und der Eichelrand wulstig vergrößert ist. Deswegen gehört hierher auch die Aussage, daß zu einer optimalen Erlebnisfähigkeit auch ein gewisser ‚Drang' gehört, ein gewisses Maß an gestauter sexueller Energie – nicht das ‚Abschlaffen' bei jeder Gelegenheit. Sonst geht das Gefühl für das ‚Samengefühl' ganz verloren. Für die partnerschaftliche Liebesfähigkeit ist also ein anderer Libidozyklus maßgebend als bei der Selbstbefriedigung. Erst unter dem Einfluß der weiblichen Signale und der direkten Erotisierung durch die aktive Vagina kann der Mann richtig erfahren, welchen Libidozyklus er in der partnerschaftlichen Liebe hat, und dies gehört vor allem zu den Voraussetzungen einer Dynamisierung männlicher Liebesfähigkeit.

Demgegenüber beruhen alle Versuche, den Eintritt des Orgasmus quasi unabhängig von der Partnerin hinauszuschieben, auf der grundsätzlich irrigen Annahme, der Mann könne die Kontrollmöglichkeiten für seine Reagibilität gewissermaßen endogen entwickeln. Deswegen ist auch das oft empfohlene Ablenken von der Partnerin (etwa durch Konzentration auf Zahlenspiele) geradezu ein Musterbeispiel für ein Verhalten, durch das sich der Mann selbst jede brauchbare Steuerungsmöglichkeit nimmt. Das pure Gegenteil, nämlich die einfühlende Konzentration auf die Partnerin und die Vertrautheit mit der Eigenart weiblicher Liebesbekundungen, erhöht seine entsprechenden Virtualitäten.

Buchstäblich verheerend finde ich die von Masters/Johnson empfohlene „Squeeze-Technik" (18), die nichtsdestoweniger von vielen selbsternannten Sexualexperten nicht nur stets nachgebetet, sondern gar als Therapie angepriesen wird. Bei dieser Quetsch-Technik (ja: „Technik" ist der richtige Ausdruck dafür) soll also die Ejaculation praecox besiegt werden, indem der Peniskopf unmittelbar vor dem Samenerguß mit drei Fingern so fest zusammengedrückt wird, daß der Ejakulationsdrang durch das Quetschen unterdrückt wird. Ich fürchte, sicherlich mit vielen anderen gemeinsam, daß hier weitaus mehr, wenn nicht alles dem Quetschen zum Opfer fällt.

Demgegenüber möchte ich mich jetzt ein wenig darüber auslassen, wie man dem Mann eine psychologische Basis geben kann, die es ihm ermöglicht, das Erlebnis des Liebesaktes zu verlängern. Für den Mann ist ein psychoerotisches Moment, das ihn bewegt, dem Liebesakt eine adäquate Dauer zu verleihen, die Leidenschaft und das sinnliche Brio der Frau zu erleben. Die Freude, der Partnerin die volle Entfaltung ihrer erotischen Erlebnisfähigkeiten zu ermöglichen, ist für den Mann Beweggrund genug, dem Erlebnis weiblicher Liebesbekundungen den Vorrang vor dem eigenen Orgasmuserlebnis zu geben. Jedenfalls ist es eine gute psychologische Basis für die Lust an der Verlängerung des Liebesspiels.

Die multiorgasmische Frau ist ja bei optimaler Partnerschaft längst innerhalb des kurzen Zeitraumes orgasmusfähig, den man beim männlichen Reaktionszyklus als ‚vorzeitig‘ bezeichnen würde. Man könnte scherzhafterweise sagen, in diesem Falle reagiere die Frau praecox, nur daß die Frau auch nach dem Orgasmus weiter ‚erektil‘ ist; es betont nur viele frühere Aussagen, wenn ich bemerke, daß gerade bei der multiorgasmischen Frau der Zeitfaktor eine ganz geringe Rolle spielt.

Andererseits fördert die multiorgastische Reagibilität der Frau die männliche Liebesfähigkeit zu Beginn des Liebesaktes. Die Wahrnehmung diffuser Wollust-Pulsationen (symptomatisch für beginnende weibliche Lustlösungsreaktionen) vermittelt dem Mann das Gefühl, seine Partnerin erfüllen zu können, und er bekommt damit jene Anfangssicherheit, die ihn eher befähigt, seine Reaktion willentlich zu beeinflussen. Bei multiorgasmischen Frauen kann der Partner die Lustwellen-Täler, die von Fall zu Fall unterschiedlichen Orgasmusintervalle, zum Abstimmen seiner eigenen Reaktionen nützen. Der Mann übernimmt immer mehr die Initiative, wenn er die eurhythmischen Schoß-Pulsationen mit feinem Instinkt zu dirigieren versteht. Das Erlebnis dieser vom Mann mit sublimer Empathie unternommenen erotischen Raffinements beantwortet die Frau ihrerseits mit einer großen Anpassungsfähigkeit an die männliche Reagibilität, und sie zeigt dann, unabhängig vom Zeitfaktor, völliges psychoerotisches Erfülltsein.

Andererseits kann der Mann durch das Miterleben der weiblichen Orgasmie, ohne dabei selbst zu kulminieren, erfahren, welchen erotischen Stellenwert das Liebesspiel ohne eigenes Endsexualgefühl besitzt. Freilich gehört dazu ein gewisses Training im Pausieren ohne Ejakulation. Und die Frau erlebt durch das Wiederholen des Aufnahme- bzw. Vereinigungsgefühls ein erotisches Summationsgefühl par excellence. Der Mann sollte freilich wissen, daß dabei einerseits der Ejakulationsdrang richtiggehend emporschnellen kann, daß aber andererseits, wenn vorher eine verminderte Erektion vorhanden war, diese dadurch möglicherweise wiederum stabilisiert wird.

Sind so die psychologischen Voraussetzungen optimiert, kann eine gewisse Reaktionskontrolle in tiefem Schoß-Ruten-Kontakt versucht werden, wobei ich mir der begrifflichen Schwäche der Bezeichnungen ‚Kontakt' und ‚Kontrolle' gerade in diesem Zusammenhang bewußt bin. Beim Fornix-Eichel-Spiel trifft die Phalluskrone mit dem ventralen Teil des Scheidengrundes zusammen. Die Gefühle lassen dabei den schon erwähnten Antagonismus erkennen. Einerseits ist schon das Zusammentreffen im tiefen Schoßkontakt (an sich für beide – aber hier wird zunächst vom männlichen Aspekt ausgegangen) von einem mehr oder weniger intensiven Vororgasmusgefühl begleitet: einem Drängen, dem inneren Locken der Schoß-Konvulsionen einfach nachzugeben und dieses Gefühl mit der dafür vorgesehenen Reaktion, nämlich dem Orgasmus, zu beantworten. Andererseits ist gerade das Nicht-Nachgeben gegenüber diesen von der Partnerin ausgehenden Impulsen der Ansatzpunkt für jenen Lernprozeß, durch den der Mann eine auf die Partnerin bezogene Kultivierung seiner Liebesfähigkeit erreichen kann.

Wie vermag der Mann in verhaltenem, tief-innigem Phallus-Schoß-Kontakt eine gewisse Steuerung seiner Reaktionen, vor allem die angestrebte Beeinflussung seines Ejakulationsdranges, auszuüben? Schon in anderem Zusammenhang war angedeutet worden, weshalb sich dazu nach meiner Meinung am ehesten der Fornix-Glans-Kontakt eignet: Durch ein gewisses – man kann sagen – ‚Andrücken' des Peniskopfes an den (meist) ventralen Teil des Scheidengrundes kann ein überschießend sensibles Reagieren, besonders das vororgastische, gebremst werden. Wenn außerdem dabei die Rutenwurzel (Radix penis) durch Kontraktionen im äußeren Scheidendrittel und am Scheidenmund ringförmig guten Kontakt hat und gleichzeitig ein fornikales Anschmiegen an die Glans penis erfolgt, nimmt die phallische Blutfülle zu, und so ist es am ehesten möglich, die direkten, am eigenen Organ sich auswirkenden Reizeffekte wahrzunehmen. Die glockenförmige Anschwellung des Schwellkörpers am freien Penis-Ende, die volle Glans-Erektion also, erlaubt demzufolge gerade im tiefen Kontakt eine bessere Steuerungsmöglichkeit. Dieser Auffassung steht die Meinung gegenüber, der präorgastische Ejakulationsdrang könne leichter in flacher (zurückgezogener) Phallusposition unterdrückt werden. Hinzuzufügen wäre noch, daß der den Fornix ausfüllende Phallus-Schoß-Kontakt am ehesten dann das angestrebte Ziel erreicht, wenn der Mann seine phallischen Bewegungen reduziert.

Aber damit wird auch gleich ersichtlich, wie begrenzt diese

Möglichkeiten sind, wirken doch die synchronen weiblichen Antwortreaktionen, die ja gerade durch das tiefe Zusammentreffen der Liebesorgane besonders lebhaft werden, den beschriebenen männlichen Tendenzen in gewisser Hinsicht entgegen, vor allem, wenn sie der Mann nicht kennt. Ein gewisses Wissen um die Gleichzeitigkeits-Korrelationen ist also überhaupt die Voraussetzung einer möglichen Reaktionskontrolle. Kennt der Mann die möglichen Antwortreaktionen, vor allem die weiblichen Zenitreaktionen, vermag er leichter unter Beibehaltung des beschriebenen Schoß-Kontakts sozusagen diesseits der eigenen Orgasmusphase zu bleiben.

Die Fähigkeiten des Mannes sollen sich hier in zweifacher Hinsicht zeigen: Indem er die weibliche Orgasmus-Sensitivität im tiefen Schoßspiel anregt, verstärken sich bei ihm diejenigen anstachelnden Momente, die das schnelle Auslösen des eigenen Höhepunkts begünstigen. Beides muß er so aufeinander abstimmen, daß eine Verlängerung des Liebesspiels erreicht wird. Das ist echte Liebeskunst. Frei von oktroyierten Vorstellungen kann sich der Mann sehr wohl auf das Spektrum weiblicher Orgasmusfreudigkeit einstellen, und dies nicht einmal nur aus uneigennützigen Gründen, denn das Erlebnis der prolongierten weiblichen Ekstase ist für den Mann mindestens so befriedigend wie das eigene Orgasmusgefühl. Entgegen einigen Verlautbarungen, die meist mit unerträglichen Verallgemeinerungen operieren und denen zufolge der Durchschnittsmann den Orgasmusbedürfnissen der Frau nicht gewachsen sei, bin ich der Meinung, daß der Mann eine der Frau angepaßte, ja durchaus überlegene Liebesfähigkeit entwickeln kann, wenn er sich nicht nach ichbezogenen oder sonstigen extrakoitalen Erlebnissen orientiert.

Bei längerem erotischem Zusammensein werden alle Liebesbekundungen irgendwie ungezwungener, unvorhergesehener, im positiven Sinne zielloser. Auch kleine Liebesidylle und unvollständige Liebeshandlungen werden positiv in die

Zweisamkeit einbezogen. Phasen phallischer Aktivitäten wechseln mit solchen scheinbarer Passivitäten, in denen der Mann die weiblichen kinetischen Energien, das innere Tremolo und die Kulminationen anzuregen versteht. Im Wechsel der Liebesbekundungen ergibt sich das gelöste Zwischenspiel der Zärtlichkeiten, und auch ein karezza-ähnliches (Karezza = lange, äußerlich fast bewegungslose Vereinigung) Intermezzo paßt hierzu.

Treffen phallische Liebeskräfte auf sich gerade reduzierende weibliche, d. h. erweitert dann beispielsweise der Phallus die sich möglicherweise bildende Schoßenge, wirkt sich dies wiederum erotisierend auf die weibliche Reagibilität aus. Nach multiorgastischer Ekstase und ausklingendem innerem Tremolo gibt es eine Phase, in der sich die männlichen Liebeskräfte richtiggehend unbekümmert um weibliche Belange (was die Frau erst recht mag) im Finale austoben können. Die Frau, in ihrem wesentlich Weiblichen verstanden, wird zu einem leicht führbaren Liebeswesen. Frauen sind zwar irgendwie abhängig vom Liebesklima des Mannes, werden aber andererseits, gerade durch ihre besondere Reagibilität, erstaunlich anpassungsfähig an die jeweils vorhandenen männlichen Potenzen, d. h., sie können sich dann der Eigenart der männlichen Spitzensexualität, abrupt Endsexualreaktionen zu erreichen, in hohem Maße anpassen, wenn sie erfahren haben, daß der Mann sie generell versteht.

Im alkyonischen Gefühl erfüllter Sehnsucht ist die Frau zu manch reizvollen Liebesbekundungen aufgelegt: als Zwischenspiel bei längerem Zusammensein oder als Nachspiel oder wie immer man es nennen mag; sei es, daß sie, rittlings über dem Mann befindlich, mit ihrer Vulva das zwar noch angeregte, aber nicht mehr erigierte männliche Organ streichelt, wobei beide allein dieses Vulvastreicheln schön empfinden, ohne daß bei diesem feinen Berührungsspiel der ‚Geliebte' noch einmal zu wachsen braucht, oder daß sie oralerotische Aktivitäten, wie z. B. das Küssen der Corona glandis und des Frenulum, unternimmt. Das soll also alles gar nicht neuerdings anstacheln, sondern nur Ausdruck umfassender innerlicher Befriedigung sein.

Über den Einfluß von Beruhigungsmitteln auf die erotischen Reaktionen

Wie dilettantisch es ist, Ejakulations- und Potenzstörungen in einem Atemzug zu nennen, zeigen die Versuche, sexuelle Reaktionen einerseits medikamentös zu bremsen, andererseits anzuregen. Da aber die Frau ohnehin weniger Potenzprobleme hat und es beispielsweise unsinnig wäre, bei der Frau die Orgasmusfähigkeit zu bremsen, wird fast nur von der medikamentösen Beeinflussung der männlichen Potenz geredet. Die Schwierigkeiten beginnen schon, wenn man versucht, den Ejakulationsdrang medikamentös zu bremsen, weil damit andernteils unweigerlich zugleich die erektive Potenz gedämpft wird; wenn der Mann dann, mit dem ‚Heilmittel' gegen Ejaculatio praecox im Leib, lieben will, wird er unter Umständen daran gehindert sein, weil sich bei ihm eine komplette, künstlich erzeugte Erektionsschwäche einstellt.

Das zeigt mit nicht zu überbietender Deutlichkeit, was unter anderem Aspekt schon angesprochen wurde, nämlich daß sich die männliche Liebesfähigkeit, die Potenz im weitesten Sinne, aus zwei Komponenten zusammensetzt, die aber als Gegenspieler wirken. Dieses Grund-Dilemma des Mannes besteht in dem ganz und gar normalen sexualfunktionellen Widerstreit: erektive Potenz gegen ejakulative. Deswegen sollte man dies eben auch therapeutisch trennen und nicht in geradezu dümmlicher Weise in einen Topf werfen, auf dem steht: Potenzstörungen.

Die männliche Liebesfähigkeit ist – wiederum ganz im Gegensatz zur weiblichen – also schon im Grundansatz gespalten, funktionell in einer ganz bestimmten Weise gegeneinander gerichtet. Von Dilemma spreche ich nur, um die hier relevante innere Gegensätzlichkeit sinnfällig zu machen. Aber mit Krankhaftem hat es natürlich nichts zu tun. Es zeigt vielmehr noch deutlicher, wie kompliziert die männliche Potenz angelegt ist und daß sie, gerade wenn sie erotisch kultiviert ist, leicht verwundbar sein kann, ja muß.

Die Anwendung von Arzneimitteln, die auf die Psyche und damit auf die Sexualsphäre wirken (also psychotrope sind), kann auf dem Gebiet, das hier zur Diskussion steht, also noch nicht genügend trennscharf gesteuert werden. Hinzukommen kann, daß auch die allgemeine Liebeslust durch die Dämpfung, die eigentlich nur den schnellen Orgasmuseintritt verhindern soll, mit beeinträchtigt wird. Bei den in diese Richtung zielenden Mitteln muß man also immer auch in Betracht ziehen, daß sie mit der allgemeinen psychischen Dämpfung auch eine solche der Sexualsphäre bewirken können.

Außerdem ist zu bedenken, daß diese libidodämpfende Wirkung auch die beschriebenen Gegensteuerungsmöglichkeiten des Mannes (in der vororgastischen Phase) herabsetzt, was zunächst widersprüchlich erscheinen mag, nicht aber, wenn man bedenkt, daß der Mann in Viertel- oder Halbsteife möglicherweise noch schneller ejakuliert. Am ehesten hat es noch einen Sinn, die vegetative Ausgangslage übererregter Menschen mit ausgewählten Arzneimitteln vorsichtig zu stabilisieren. Aber auch da muß man sich im klaren darüber sein, wie lange die einzelnen Präparate ihre dämpfende Wirkung haben. Eigentlich nur der Anschaulichkeit halber will ich in diesem Zusammenhang anfügen, daß der Mißerfolg bei der Verwendung sogenannter Penis-Salben darauf beruht, daß durch das Unempfindlichmachen (Lokalanästhetika) gegen Reibungsreize auch Eichelblutfülle und Gliedstraffung abnehmen, wodurch erst recht jegliche Kontrolle verlorengeht.

Auf der anderen Seite erhöht die medikamentös versuchte Anregung der erotischen Ansprechbarkeit durch Psychotonika oder andere Reizmittel möglicherweise auch gleichzeitig den Ejakulationsdrang. Dann sind mithin Reaktionen wie bei übersteigerter Libido möglich, und bei dem Versuch, die allgemeine Reaktionsfähigkeit zu stimulieren, kommt es dann womöglich wieder häufiger zum schnelleren Orgasmuseintritt.

Im Hinblick auf das Ausmaß des (oft unkontrollierten) diesbezüglichen Medikamentenverbrauchs wäre es wünschenswert, daß den jeweiligen Präparaten detaillierte Angaben über die Beeinflussung der Sexualsphäre beigelegt werden. Daß dieser Wunsch bisher nur unvollständig erfüllt wurde, mag daran liegen, daß sich bei der Beurteilung der pharmakologischen Wirkungen und Nebenwirkungen auf die Sexualsphäre niemand in die Nesseln setzen will. Infolge der variablen erotischen Reaktionsfähigkeit jedes Menschen stößt der Versuch, hier brauchbare Angaben zu machen, auf große Schwierigkeiten.

An sich wäre hier ein gewisser Abschluß dieses Buches möglich, aber schon die Ausführungen, die sich auf Veränderungen des psychischen Klimas durch Pharmaka beziehen, weisen u. a. auf die Bedeutung organischer Faktoren hin, denn der Körper, namentlich das Nervensystem, ist sozusagen das Instrument, mit dem das Sexualverhalten durch Psychopharmaka beeinflußt wird. Wir wollen aber nicht übersehen, daß zu den Voraussetzungen eusexueller Erlebnisfähigkeit auch ein gesunder Organismus gehört. Heute verfällt man nur allzu gern in das Extrem, die Suche nach psychosexuellen Ursachen zu übertreiben, und somit werden gewichtige Gründe für Störungen der Liebesfähigkeit minderbewertet oder übersehen. Es sind dies primär organische Ursachen. Dazu will ich im Folgenden noch einige interessante Gesichtspunkte anfügen.

Die organischen Grundlagen der Liebesfähigkeit

Erotisches Erröten

Wenn auch aus der Tatsache der Einheit des Organismus folgt, daß sich alle Körpersysteme in mannigfacher Weise gegenseitig beeinflussen und daß sie also eigentlich nur in ihrem funktionellen Zusammenhang verstanden werden können, so sei hier dennoch die Bedeutung des Blutgefäßsystems besonders hervorgehoben.

Bei dem Aufzählen von organischen Ursachen sexueller Störungen hört man viel von Hormonen und Zuckerkrankheit, einiges von zentralnervösen Defekten und Stoffwechselstörungen, aber zu wenig von gefäßbedingten Schädigungen. Dabei ist in diesem Zusammenhang interessant, daß beispielsweise bei der Zuckerkrankheit erst die sich sekundär ausbildende Gefäßerkrankung (die diabetische Angiolopathie) die eigentliche Ursache der Dauerimpotenz ist. Sie ist auch, was viel zu wenig beachtet wird, verantwortlich für weibliche Funktionsstörungen dieser Art, welche allerdings, wie alles, viel weniger deutlich zum Vorschein kommen als beim Mann. Davon, daß (organisch gesehen) die erotische Reaktion in erster Linie eine reaktive Blutüberfülle (Vasokongestion oder Hyperämie) im ganzen Genitalbereich und speziell in den weiblichen und männlichen Schwellkörpern ist, habe ich schon ausführlich berichtet. Folglich ist es, so gesehen, selbstverständlich, daß Störungen im Kreislaufsystem, vor allem diejenigen, die zu einer peripheren Minderdurchblutung führen, zu bleibenden Störungen führen.

Bei der operativen Behandlung der organischen Impotenz,

die ihre Ursache in Durchblutungsstörungen der Penis-Arterien hat, kann die Gefäßchirurgie, die heute überhaupt Erstaunliches leistet, bei dem eindruckvollsten Beispiel der Durchblutungsstörung, dem Gefäßverschluß, eine völlige Wiederherstellung der vorher komplett darniederliegenden Sexualfunktion erreichen. Es handelt sich dabei um die bekannte gefäßchirurgische Maßnahme zur Herstellung einer ausreichenden Blutversorgung in Form des Bypass (operative Umleitung von Blutgefäßen). „Erst seit wenigen Jahren ist" – laut Kongreßbericht der internationalen Wochenzeitung „Medical Tribune" (20) – „bekannt, daß mindestens in 80% der Fälle die ‚altersbedingte' Erektionsschwäche das Resultat einer Durchblutungsstörung der den Penis versorgenden Arterien ist. Chirurgen diesseits und jenseits des Atlantiks haben nun Bypass-Operationen entwickelt, um die vaskuläre Impotenz zu beseitigen." Und „man macht es sich zu einfach" – wie „Medical Tribune" diesen Kongreßbericht beginnt –, „wenn man die Impotenz einfach auf psychologische Probleme abschiebt, sagte Professor Adrian Zorgniotti, Urologische Abteilung der New York University und New York Cabrini Medical Center. Das hat man in der Vergangenheit getan, als man mögliche Gefäßerkrankungen der Patienten außer acht ließ. Diese unglücklichen Männer waren aber weder aus psychologischen Gründen impotent, noch waren sie im ‚männlichen Klimakterium'; bei immer mehr Patienten stellte sich heraus, daß sie eine Gefäßerkrankung hatten. Die Psychiater müssen jetzt langsam anfangen, umzudenken." Pionier auf dem Gebiet der operativen Wiederherstellung der Blutzufuhr (Bypass) ist der Chirurg Vaclav Michal, Institut für klinische und experimentelle Medizin, Prag, und da seine Ergebnisse von Jahr zu Jahr mehr beeindrucken, gilt seine Methode inzwischen als die erfolgreichste. Schon vor einigen Jahren wurde unter dem Titel „Eine Operation, die Männer wieder glücklich macht" in der Presse ausführlich berichtet, daß der genannte Prager Arzt einen durch embolischen Verschluß der Penis-Arterie plötzlich komplett impotent gewordenen Mann durch Gefäß-Operation wieder voll erektionsfähig gemacht hat, nachdem eineinhalb Jahre Psychotherapie (selbstverständlich) umsonst gewesen waren.

Liegt das arterielle Verschlußleiden noch weiter oben (etwa in den Beckengefäßen) sind alle Funktionen der Blutgefäße am Genitale eingeschränkt oder kommen zum Erliegen. Es handelt sich dabei freilich um die augenscheinlichsten, die seltenen Fälle.

Zu einer teilweisen Drosselung der Blutzufuhr und -abfuhr kommt es dagegen sehr viel häufiger, als man allgemein annimmt, und zwar durch Degenerationserscheinungen oder entzündliche Prozesse an den Blutgefäßen sowie durch andere Defekte. Mithin können diese Krankheiten (Angiopathien), die heute überaus verbreitet sind, alleinige Ursache erotischer Funktionsstörungen sein, bei denen Psychotherapie selbstverständlich erst in zweiter Linie helfen kann.

VERMINDERTE DURCHBLUTUNG

In gewisser Hinsicht könnte man sagen: Der Mensch ist so alt wie seine Blutgefäße. Nicht, was der Kalender anzeigt, sondern wie seine Blutgefäße aussehen, ist ein Hinweis auf den Vitalitätsgrad des Menschen.

Die biochemische Forschung der jüngsten Zeit hat uns darüber belehrt, daß Gewebe-Stoffwechselstörungen in der Gefäßwand, die zur Arteriosklerose führen, nicht unbedingt mit dem Altern zusammenhängen müssen. Überernährung und Bewegungsmangel, um hier nur zwei Beispiele zu nennen, kommen viel eher als krankmachende Faktoren in Frage.

Der heutzutage enorm gestiegene Verbrauch an durchblutungsfördernden (gefäßerweiternden) Medikamenten (Hämokinatoren oder Vasodilatatoren) spiegelt die erhebliche Zunahme der Gefäßkrankheiten wieder. Vor allem die Veränderungen an der Endstrombahn des Blutes sind hier von Interesse: Elastizitätsverlust, verdickte Wände und verengte Innendurchmesser der kleinen Gefäße, der sogenannten präkapillaren Arteriolen, ergeben ein kleineres Blutvolumen bei verlangsamter Strömungsgeschwindigkeit. Aus der Minderdurchblutung in den zu versorgenden Geweben (bzw. Organen) resultieren: Zellatrophie, mangelnde Gewebsspannung und letztlich Organschwund. Hieraus folgt, daß Durchblutungsmängel die physische Basis der sexuellen Funktion erheblich beeinträchtigen. Sind die Durchblutungsverhältnisse mangelhaft (wozu in Wirklichkeit natürlich die Schäden am gesamten Kreislaufsystem gehören), sind nicht nur die inneren Organe, sondern vor allem die Sexualorgane minderdurchblutet. Aus dieser organischen Leistungsschwäche resultiert eine gewisse psychische Unsicherheit bezüglich der eigenen körperlichen Reaktionsfähigkeit. Wir haben es also auch mit dem umgekehrten Mechanismus zu tun, der zur sogenannten Organneurose führt; bei dieser manifestieren sich seelische Konflikte als körperliche Beschwerden. Die abnorme Erlebnisreaktion sucht sich sozusagen ein Organ aus, um es zum Sprachrohr des inneren Konflikts zu machen. Hier hilft Psychotherapie. Bestehen aber Schäden am Kreislaufsystem, können die sich daraus herleitenden Sexualstörungen, die auch permanenter verlaufen als psychogene, nur unter gleichzeitiger Beseitigung organischer Ursachen erfolgversprechend behandelt werden.

Die Erforschung der Risikofaktoren und Ursachen sowohl der Arteriosklerose (die bekanntlich erst im Endstadium eine ‚Verkalkung' ist) als auch der Gefäßleiden insgesamt ist keineswegs abgeschlossen, sondern Gegenstand weiterer schwieriger Untersuchungen. Fest steht nur: Schwere klinische Fälle sind zwar relativ selten, ungemein häufig aber schon die leichten bis mittleren Formen, und die subklinischen Fälle, bei denen die Menschen noch wenig Beschwerden haben, grassieren regelrecht.

Die hämodynamische Fähigkeit des Zirkulationsapparats, prompt und schnell jeweils ein ausreichendes Blutangebot zu gewährleisten, kann durch viele Faktoren beeinträchtigt werden, von denen ich einige, freilich nur kurz umrissen, im folgenden anführen will.

BLUTGEFÄSS-SCHÄDEN DURCH HARNSÄURE-VERMEHRUNG

Unter dem Motto „Das Schwinden der Potenz beginnt in der Küche" wird heutzutage vielerorts die proteinreiche Kost als diesbezügliches Allheilmittel empfohlen. Viele erhöhen demzufolge nur ihren Fleischkonsum, obwohl Ei und Milch einen hohen biologischen Wert an Proteinen (Eiweißkörpern) besitzen. Deswegen bekommt heute die Beobachtung immer mehr Bedeutung, daß sich die Kombination von Alkoholgenuß und Fleischkonsum ausgesprochen harnsäurevermehrend auswirkt. Man weiß freilich noch nicht genau, wie dabei der krankheitsauslösende Mechanismus vor sich geht. Harnsäureüberladung des Bluts und Überhöhung der Blutfette potenzieren jedoch geradezu die gefäßschädigende Wirkung. In verschiedenen Variationen ist heute folgende Kombination immer häufiger anzutreffen: Fettsucht, Harnsäureüberladung, Zuckerkrankheit, Arteriosklerose, Bluthochdruck, pheriphere Durchblutungsstörungen verschiedenen Grades.

Die Situation wird durch die Tatsache gekennzeichnet, daß nicht nur der Bedarf an blutfettsenkenden Medikamenten, sondern auch an solchen, die den überhöhten Harnsäurespiegel senken sollen, enorm angestiegen ist. Es handelt sich heute nicht mehr nur um die Behandlung der Gicht, bei der harnsaure Salze in den Geweben, vor allem in den Gelenken, abgelagert werden, sondern um eine Vielzahl von Fällen, bei denen die Harnsäureüberladung des Bluts sich als Schaden am Zirkulationsapparat auswirkt. Eine Entlastung des Purinstoffwechsels, die eine Verringerung des Harnsäurespiegels im Blut bringen soll, wird durch folgende Diät unterstützt: Verringerung des Fleischkonsums, Meiden von Innereien, weitgehende Umstellung der Eiweißzufuhr auf Milch und Milchprodukte. Das nutzt nicht nur der Durchblutung, sondern schützt auch vor schwerwiegenden Gefäßschäden, denn nach neuesten Untersuchungen ist auch die Harnsäureüberladung des Bluts – so Prof. Nepomuk Zöllner – ein „Risikofaktor für den Herzinfarkt" (29).

HORMONE UND DURCHBLUTUNG

Der Zusammenhang zwischen Schilddrüsenunterfunktion und Erhöhung der Blutfette zeigt sich an einem Krankheitsbild, bei dem man durch Gabe von Schilddrüsenhormon die Blutfette senken kann. Diese Therapie beruht auf der klinischen Erkenntnis, daß eine geregelte Schilddrüsentätigkeit zugleich eine gute Arteriosklerose-Prophylaxe ist, zumindest das Arteriosklerose-Risiko entscheidend vermindert. Deswegen haben Frauen mit etwas gesteigerter Schilddrüsensekretion (wenn sie nicht rauchen) eine so gut durchblutete Haut.

Die weiblichen Sexualhormone gelten bei den Gefäßspezialisten als Schutzengel der Innenauskleidung der Blutgefäße. Hormonell gesunde Frauen besitzen daher, wenn nicht andere Gefäßnoxen hinzukommen, mindestens bis zum 50. Lebensjahr einen natürlichen Schutz gegen Gefäßschäden, und das Erkrankungsrisiko ist bei Nichtraucherinnen sogar bis zum 60. Lebensjahr deutlich niedriger als bei Männern. Erst im hohen Alter verwischt sich dieser Geschlechtsunterschied. Im übrigen verdankt die Frau ihre bessere Hautdurchblutung dem Östrogen.

Die Rehabilitation der Kreislauferkrankungen unterstützt man heute durch systematisches körperliches Training. Die gesundheitlichen Nachteile sitzender und unsportlicher Lebensweise sind durch eine Vielzahl ausgezeichneter fachlicher und populärer Publikationen inzwischen wohlbekannt. Ich beschränke mich daher auf einige sexualmedizinische Zusatzbemerkungen.

Vielen Menschen würde heute ihre berufliche Tätigkeit den sicheren Muskelschwund bringen, wenn sie sich nicht zum Ausgleich körperlich betätigen würden. Erholung bedeutet also heute für immer mehr Menschen: systematische körperliche Betätigung. Bewegungsmangel und vorwiegend sitzende Lebensweise belasten den Kreislauf mehr als eine angemessene, dazwischen aber auch einmal forcierte körperliche Belastung. Wie erklärt sich das?

Ganz einfach aus der Physiologie des Zirkulationsapparates: Die hämodynamischen Verhältnisse sind nicht nur vom Herzen, sondern in hohem Maße von Tonus und Kapazität der Gefäße abhängig. Bei körperlicher Betätigung werden erst einmal die Blutdepots mobilisiert und die zirkulierende Blutmenge erhöht.

Obwohl die Muskeln selbst keine eigentlichen Blutspeicher sind, nehmen sie während ihrer Tätigkeit eine Menge Blut auf. Muskeltätigkeit beansprucht zwar erst den Zirkulationsapparat, entlastet ihn aber dann teilweise wieder, sozusagen rückwirkend: Jede Muskelkontraktion bewirkt zugleich ein gewisses (vorübergehendes) Auspressen der Muskel-Gefäße. Muskeltätigkeit unterstützt den venösen Rückstrom zum Herzen und entlastet es damit. Außerdem steigt in arbeitenden Organen die Zahl der blutführenden Kapillaren beträchtlich an. Auch die bei der körperlichen Tätigkeit forcierte Atmung wirkt sich – sozusagen nebenbei – rein mechanisch als Hilfsmotor der Zirkulation aus.

So bekannt diese Dinge sind, so häufig findet man aber noch die Meinung, körperliche Anstrengung ‚vergeude die Kräfte' für erotische Aktivitäten. Die Annahme, nur ausgeschlafen ‚schlafen' zu können, ist unrichtig. Überwiegend körperlich Tätige und Menschen mit sportlicher Lebensweise haben die besseren physischen Voraussetzungen für erotische Aktivitäten, weshalb auch bei dieser Personengruppe viel weniger organisch bedingte Sexualstörungen auftreten.

Dazu noch eine interessante Notiz, der zu entnehmen ist, daß sich während sportlicher Leistungen der Blutspiegel der Sexualhormone erhöht: Eine Forschungsgruppe unter Leitung von J. R. Sutton aus dem Garvan-Institut für medizinische Forschung in Sydney konnte feststellen, daß gerade nach sportlichen Maximalleistungen die Serum-Androgene ansteigen.

GEFÄSSFEIND NIKOTIN

Nikotin ist bekanntlich ein Gefäß- und Nervengift ersten Ranges. Neben seiner giftigen Wirkung auf die Umschaltstellen im Nervensystem (Synapsen) gehört hauptsächlich die gefäßverengende Wirkung des Nikotins zur Toxikologie des Tabakrauchens. Überdies schädigt das im Tabakrauch enthaltene Kohlenmonoxyd die Gefäßwand direkt durch Karboxyhämoglobin-Konzentration (Kohlenmonoxyd hat eine dreihundertmal größere Affinität zum Blutfarbstoff als Sauerstoff, den es damit aus dem Oxyhämoglobin verdrängt).

Die gefäßverengende Wirkung des Nikotins geschieht in erster Linie über biogene Amine: Adrenalin und Noradrenalin. Das Rauchen bewirkt also eine primäre Drosselung der Blutzufuhr und als mitverursachenden Faktor der Arteriosklerose eine sich sekundär ausbildende Blutsperre. Die Sofortwirkung des Nikotins wurde weltweit untersucht: Unmittelbar nach Nikotinzufuhr wird infolge der peripheren Gefäßzusammenziehung die Hauttemperatur an Fingern und Zehen meßbar herabgesetzt. Überdies sind die Nikotinwirkungen auf den Organismus komplex und betreffen außer den Gefäßschäden Atmung, Nervensystem, Hormondrüsen sowie Funktionsänderungen an Vitaminen und Fermenten – von der krebserzeugenden Wirkung gar nicht zu reden.

Es gibt über dies alles eine immense Diskussionsliteratur und außerdem eine umfangreiche, gute Aufklärung durch die Massenmedien. Trotzdem war der Erfolg zunächst gering, wofür es viele, allerdings recht unterschiedliche (von kommerziellen bis psychologischen reichende) Gründe gibt, z. B. das buchstäbliche Verblasen von Hemmungen durch den blauen Dunst, eine gewisse allgemeine Komplexüberwindung sowie das Rauchen als Mittel gegen Langeweile. Nicht einmal das Argument der ‚schleichenden Selbstvernichtung' ließ die Chancen der Raucherentwöhnung wesentlich ansteigen. Bezeichnenderweise änderte sich dies erst, als die negativen Einflüsse auf das Sexualleben publik wurden.

Außer den zirkulatorisch bedingten Tabakschäden seien abschließend noch einige erwähnt, die sich auf das innersekretorische System beziehen. Ich zitiere Prof. P. Bernhard: „Über die Wirkung auf das vegetative Nervensystem hinaus beeinflußt Nikotin das zentrale Nervensystem, das Zwischenhirn und die Hirnanhangdrüse und über die Hormondrüsen der Nebennieren Schilddrüse, Hoden und Eierstöcke ... Das Tabakgift wird allmählich mit dauernd gesetzten kleinen Schäden auch die Ursache für Störungen der hormonalen Drüsen. Bei Frauen, aber auch bei Männern, treten Störungen der Drüsen bis zu schwersten Veränderungen auf." (2) Bei ihren Untersuchungen über den Zusammenhang zwischen „Rauchen und Sexualität" betonen die Prager Professoren Jan Raboch und Jiri Mellan die Beeinträchtigung der „Funktion des männlichen Keimgewebes

(‚eines der empfindlichsten Gewebe im menschlichen Organismus')". Überdies sei es „möglich, daß die Hoden außer auf Nikotin auch gegenüber weiteren Rauchinhalaten wie Kohlenoxyd extrem empfindlich sind" (22).

Schlagworte wie „Starke Raucher sind nur halbe Männer" haben also etwas Beachtenswertes an sich, doch gilt für die Frau mindestens dasselbe. Ihre Nikotinschäden mögen getarnter, schwerer nachweisbar sein – aber: manch aufnahmeunwilliger und müder Schoß ist nur ein schlecht durchbluteter. Es fehlt die Sexualröte.

PSYCHOTHERAPIE DER ERRÖTENSANGST

Die Therapie besteht in der einfachen Information, daß Erröten zunächst einmal ein Zeichen prompt funktionierender peripherer Durchblutung und junger gesunder Gefäße ist.

Nichts anderes, nämlich die Wiederherstellung dieser vasalen Funktionsfähigkeit, sollen Medikamente bewirken, die für den Indikationskreis „Periphere Durchblutungsstörungen" zur Verfügung stehen. Das Wirkprofil der Gefäßdilatatoren ist darauf abgestellt, daß das Blut wieder leichter und schneller durch Arteriolen und Kapillaren fließt. Grundsätzlich ist es ein Therapieerfolg, wenn Hitzegefühl mit Prickeln und Hautrötung im Gesicht und an anderen Körperteilen auftreten. Flush (Hitzewallung) ist also eine an sich sinnvolle Reaktion, die der Patient aber nicht mag. Deshalb werden heute die Präparate hinsichtlich ihrer Zubereitung so ausgerichtet, daß kein Flush mehr auftritt, aber alle Organe wieder gut durchblutet werden.

Die Angst vorm Rotwerden ist u. a. aus der tiefverwurzelten Abneigung des Menschen zu erklären, Gefühle, vor allem erotische, ungewollt zeigen zu müssen. Jedenfalls ist es unangebracht, hier gleich von Neurosen zu reden, statt dem Verunsicherten das prinzipiell Physiologische seiner Reaktionsweise vor Augen zu halten. Nach meiner Erfahrung beruhigt man ihn damit sichtlich. Von dieser Basisinformation ausgehend, kann dann ein passendes Psychopharmakon (nicht als Dauer-, sondern als Gelegenheitstherapie) zur Überbrückung von Verlegenheitssituationen empfohlen werden.

LEBER – HORMONE

Allgemein ist wenig bekannt, daß schon geringgradige Leberfunktionsstörungen zu anhaltenden Sexualstörungen führen können. Dies hat in erster Linie seinen Grund darin, daß die Leber beim Abbau der (verbrauchten) Sexualhormone eine große Rolle spielt. Folglich bringen Leberstörungen den Hormonhaushalt durcheinander, und die Hormonquotienten verschieben sich. Ist die Leber so geschädigt, daß sie den geordneten Abbau der Sexualhormone nicht mehr besorgen kann, vermindert sich rückwirkend die körpereigene Neu-Hormonproduktion, denn es verringern sich dann die anregenden Impulse aus der Hirnanhangdrüse, die eine erste Schaltzentrale im Funktionskreis der Drüsen mit innerer Sekretion ist.

Bei verzögertem Östrogen-Abbau kommt es beispielsweise beim Mann, der ja normalerweise auch einen gewissen Teil an weiblichen Sexualhormonen hat, zu einem Überschuß an diesen, möglicherweise zur Feminierung und zu Potenzstörungen. Auch bei der Frau wirkt sich die Verschiebung des Hormonquotienten, der durch Leberfunktionsstörung bedingt ist, nachteilig auf die Sexualfunktionen aus. Deswegen sind hormonelle Kontrazeptiva (u. a. die ‚Pille') bei gestörter Leberfunktion streng kontraindiziert. Damit ist selbstverständlich auch der bekannte Teufelskreis angesprochen, daß jemand aus sexuellen Schwierigkeiten trinkt, damit seine Leber schädigt und so weiter . . .

Die Wirkungen der Sexualhormone sind allgemein wohlbekannt. Die Vorgänge bei der körpereigenen Hormonproduktion, die oben angesprochen wurden, sind allerdings äußerst kompliziert, und ich möchte in der nun folgenden Information darüber vor einer unkontrollierten Hormoneinnahme warnen.

Über die Probleme bei der Einnahme von Hormonpräparaten

Hormonelle Mangelerscheinungen durch die Einnahme entsprechender Hormone korrigieren zu wollen, ist ein an sich naheliegender, nichtsdestoweniger eben zu einfacher Gedanke. Er paßt allenfalls in die Gründerjahre der Hormontherapie. Denn schon die Beantwortung der Frage, ob überhaupt ein Hormondefizit besteht, ist schwierig, und die Bestimmung der im Blut kreisenden Hormone ist selbst mit modernen Methoden nicht leicht durchzuführen. Nicht minder schwierig ist das Zusammenstellen von Anzeichen, die einen Hormonmangel sicher erkennen lassen, auch wenn man berücksichtigt, daß hier ja nur organische Faktoren zur Diskussion stehen. Inzwischen ist die Hormonforschung eine recht schwierige Wissenschaft geworden. Ihre grundlegende Erkenntnis besteht darin, daß Erzeugung und Wirkung der einzelnen Hormone im Organismus nicht isoliert, sondern nur in ihrem gegenseitigen Abhängigkeitsverhältnis und abhängig von ‚höheren Instanzen' verstanden werden dürfen. Man nennt dies den „endokrinen Funktionskreis" (Funktionskreis der Drüsen mit innerer Sekretion). Verständlich, daß man üblicherweise eine allgemeinverständliche Darstellung dieser Fakten scheut, wenn man an die komplizierten, ohne Vereinfachungen kaum darstellbaren Zusammenhänge denkt.

Was sind nun die Gründe für die beinahe mitgelieferte

Enttäuschung bei der unkontrollierten Einnahme von Hormonpräparaten?

Die unkontrollierte Hormoneinnahme ist der Eingriff in ein äußerst diffiziles Geschehen, von dessen Auswirkungen man sich keinen Begriff machen kann, wenn man folgende Zusammenhänge nicht kennt: Die Keimdrüsen unterliegen, ähnlich wie die anderen peripheren Drüsen, einem außergewöhnlich komplizierten hormonal-neuralen Regulationsmechanismus, der nach dem Rückkoppelungsprinzip (etwa in der Art eines Thermostaten) die Hormonbildung im Organismus zwischen Über- und Unterproduktion einpendelt, also das Gleichgewicht zwischen zu hohem und zu niedrigem Hormonspiegel herstellt. Absichtlich etwas vereinfacht gesehen, besteht zunächst ein Regelkreis zwischen den Sexualdrüsen bzw. den anderen peripheren Drüsen und der Hypophyse (Hirnanhangdrüse). Sinkt der Hormonspiegel im Blut ab, signalisiert die Hirnanhangdrüse, die den peripheren Drüsen übergeordnet ist, an die Gonaden (Eierstöcke bzw. Hoden), daß sie die Hormonproduktion erhöhen sollen. Die Träger dieser Signale sind selbst Hormone, nämlich die gonadotropen (auf die Keimdrüsen gerichtete) Hormone. Enthält dann das Blut wieder ausreichende Hormonkonzentrationen, wird dies an die zentralen Steuerungsorgane zurücksignalisiert, was über das Zwischenhirn sogleich zur Verminderung der genannten Signalhormone führt, weil sie ja in diesem Moment nicht mehr gebraucht werden. In der Fachsprache nennt man dies: negatives Feedback.

Werden Hormonpräparate wegen Sexualstörungen, die gar nicht auf einem peripheren Hormondefizit beruhen, eingenommen, wird ebenfalls ein solcher Rückkoppelungsmechanismus ausgelöst. Die zentralen Steuerungsorgane werden durch diese Einnahme regelrecht getäuscht. Sie können nämlich nicht unterscheiden zwischen den künstlichen Sexualhormonen, den eingenommenen Hormonpräparaten also, und den körpereigenen (endogenen) Hormonen. Und so nehmen sie sozusagen fälschlicherweise eine endogene Überproduktion an und vermindern dann die Bildung der Hormone, die von der Hirnanhangdrüse ausgehen und die ihrerseits die Sexualdrüsen anregen. Die Folge dieses Vorgangs ist eine Drosselung der körpereigenen Hormonproduktion, so daß die nicht indizierte Einnahme von Sexualhormonen zu einer ziemlichen Störung in dem beschriebenen Funktionskreis führt und das Gegenteil dessen eintritt, was beabsichtigt war.

Die Risiken hormoneller Selbstbehandlung werden aber erst richtig deutlich, wenn man weiß, daß in Wirklichkeit die zentrale Steuerung im Regelkreis der Hormone noch viel komplizierter vor sich geht, als oben dargestellt.

Die hemmende Wirkung der peripheren Hormone greift nämlich nur zu einem geringen Teil direkt an der Hirnanhangdrüse an. Die eigentliche Steuerung geschieht sozusagen eine Instanz höher: im Zwischenhirn (genauer: im Hypothalamus). Die Hirnanhangdrüse, die ja als Hypophysen-Hypothalamus-System eine funktionelle Einheit darstellt, erhält erst durch sogenannte Neurosekrete den Auftrag zur Signalhormon-Ausschüttung. Diese Neurosekrete heißen deshalb „Freigabe-Faktoren" („releasing factors"). Aber auch der von den Freigabe-Faktoren veranlaßte erhöhte Signalhormonspiegel löst umgekehrt wieder ein negatives Feedback in Form von Hemm-Faktoren aus.

Das Zwischenhirn, das man sich selbstverständlich auch nicht losgelöst von nochmals übergeordneten ‚Instanzen' (Großhirn) denken darf, reguliert also über den Stiel der Hirnanhangdrüse die Hormonsekretion. Doch umgekehrt wirken die Hormone auf dem Blutwege auf das Zwischenhirn regulierend zurück. Übrigens: Der Transport der Signale, die ja Veränderungen der Blutplasma-Hormonspiegel sind, ist naturgemäß auch vom Zustand des Kreislaufsystems abhängig, es handelt sich hier also um die zirkulatorische Komponente des ganzen Geschehens.

Ich habe den hormonellen Regelkreis, den man sich eigentlich als mehrstufiges Feedback denken muß, in seiner Kompliziertheit so genau beschrieben, um zu zeigen, daß die unkontrollierte Einnahme von Hormonen unter Umständen ein Eingriff in den Hormonhaushalt ist, der so viel anrichten kann wie der Elefant im Porzellanladen.

Die Bedeutung des eben Gesagten wird klar, wenn man bedenkt, daß die Erfindung der ‚Pille' erst auf Grund der Erkenntnis möglich war, daß die Sexualhormone im kybernetischen Steuerungssystem Zwischenhirn-Hypophyse-Eierstock als Regelgröße wirken. Die Einnahme der ‚Pille' erzielt in entsprechender Dosierung über Zwischenhirn und Signalhormondrosselung die Anovulation (kein Eisprung). Die Dosierungsfrage steht also im Mittelpunkt, sie allein entscheidet über das Ausmaß der Nebenwirkungen und Risiken. Deswegen zielt die weltweite Hormonforschung im Zusammenhang mit der Entwicklung von hormonellen Konzeptionshemmern auf Präparate mit möglichst niedriger Hormon-Potenz, um Störungen in dem beschriebenen System gering zu halten. Da aber dem noch Grenzen gesetzt sind, ist die Forschung hier immer noch auf dem Weg zur Ideallösung.

Nach dem Einblick in diese Geschehnisse wird auch verständlich, weshalb auf der anderen Seite die unkontrollierte Einnahme ‚potenzstärkender' Präparate so oft das Gegenteil des Erwarteten erbringt.

Nur Skepsis?

Keineswegs, denn die sachkundige Hormonbehandlung, die alle diese diffizilen Zusammenhänge berücksichtigt, leistet im Gegenteil Enormes. Hormonbehandlung muß in erster Linie eine fein differenzierte Substitutionsbehandlung sein, das heißt, daß nur bei einem nachgewiesenen Hormondefizit nachgeholfen werden darf, und zwar nur bis zum normalen Hormonspiegel hin; nichts weiter als das ungefähr Fehlende darf aufgefüllt werden. Überschreitet man mit der

Dosierung diese Marke, löst man die beschriebenen Gegenregulationen mit ihren negativen Folgen aus. Deswegen gehört all dieses in die Hand des Fachmannes.

Und schließlich wird die Bedeutung der Hormontherapie, einer auf alles fein abgestimmten, erst ersichtlich, wenn man weiß, daß schon eine geringe Verschiebung des Hormonquotienten das Sexualverhalten einschneidend ändern kann.

Zusammenfassend sei vermerkt, daß diese Übersicht organischer Einflüsse auf die Liebesfähigkeit des Menschen eine nur mehr oder weniger unvollständige sein kann, denn es gibt noch einige mitbestimmende Faktoren, auf die aber hier nicht weiter eingegangen wird.

Erklärungen zu den wichtigsten Fachbegriffen

Arc de cercle (frz. Kreisbogen) bogenhaftes Aufbäumen des liegenden Körpers durch Aufstützen des Hinterkopfes und der Fersen bei gleichzeitigem Emporheben des Unterleibes. Ähnlich sehen ekstatische Lustäußerungen der Frau aus; häufig bildlich dargestellte Pose.
archetypisch der Urform entsprechend, urbildlich.
Areola mammae Brustwarzenhof, pigmentiert, der durch verschiedene Reize ein entweder pralles oder runzeliges Aussehen haben kann.
Autosexualität (griech. autos: selbst) bei Erwachsenen Rückzug auf sich selbst, lediglich auf das „Ich" bezogene Handlungen = Selbstbefriedigung.

Beckenvasokongestion Blutfülle im Becken.
Bulbi vestibuli Vorhofzwiebeln, die zu beiden Seiten des Scheidenvorhofs gelegenen Schwellkörper; es handelt sich um gewulstete Venengeflechte, die durch Bindegewebe und Muskelzellen zusammengehalten werden und bei ihrer Füllung (während der Erotisierung) als weich geschwellte Kissen den Scheideneingang auspolstern.

Collum glandis Ringfurche oder Eichelhals, Einschnürungsstelle am Schaft des Penis unterhalb des Eichelrandes.
Columnae rugarum vorspringende Faltenreihe oder Längswülste der Scheide; die Schleimhautauskleidung der Scheide zeigt eine eigentümliche Beschaffenheit der Oberfläche durch die Ausbildung quer verlaufender, faltenreicher Erhebungen und querer Vorsprünge (siehe: Rugae vaginales), die hinter-

einander angeordnet sind und so Längswülste ergeben; man unterscheidet nochmals einen ventralen (an der Vorderwand des Scheidenrohres gelegenen) und einen dorsalen (an der Hinterwand gelegenen) Längswulst; der vordere Längswulst ist nicht selten durch eine Mittelfurche noch einmal in zwei Abschnitte gegliedert; während der sexuellen Erregung werden die Längswülste dicker, blut- und saftreicher, stark gequollen, so daß sie den Phallus enger, also scheidenartig, umschließen.

Corona glandis der vorspringende Rand der Eichel; Phalluskranz, der während des Reaktionszyklus die Ringfurche wulstig überragt.

Corpus penis Körper oder Schaft des Penis.

Detumeszenz Abnahme der Blutfülle, Abschwellung.

Dyade „Zweiheit", Paarverhältnis.

dysfunktionell mit gestörter Tätigkeit verlaufend.

Ejaculatio praecox sogenannter vorzeitiger Samenerguß.

Ejakulation Ausspritzung, Samenerguß.

Ejakulationsreflex Reizsteigerung an der Eichel löst E. aus.

ejakulative Potenz Ergußfähigkeit des Mannes; bei der Frau: Fähigkeit zur Sekretergießung.

Empathie eigenes „Mitschwingen" fremden Erlebens, Nachvollziehen (Einfühlen), Verstehen.

Endlust Endsexualgefühl. Beim Mann möglicherweise zugleich nachorgastisches Gefühl, während bei der Frau Orgasmusgefühl und Endsexualgefühl nicht zusammenfallen müssen.

Erektion (lat. „Aufrichtung") durch Blutstau bedingtes Anschwellen und Festwerden von Schwellkörpern.

erektive Potenz Fähigkeit zur Gliedsteife.

erigiert steif.

Erogeneität erotische Erregbarkeit, Reaktionsfähigkeit, sexuelle Ansprechbarkeit.

Erotisierung Steigerung der sexuell-erotischen Erlebnisfähigkeit und Erregbarkeit; bedeutungsgleich: Sexualisierung.
Eurhythmie (griech. eu: wohl, schön, glücklich) Ebenmaß, schöne Ausgeglichenheit von Bewegung und Ausdruck, gegenseitiges Abstimmen von Bewegungsvorgängen.
Eusexualität Erosharmonie, harmonisch-erotische Erlebnisfähigkeit, Gesamtheit der körperlich-seelischen Möglichkeiten des Menschen, um sich in der Liebe auszudrücken.
Excavatio fornicis Ausbuchtung des Scheidengewölbes.
Exzitation (lat. excitare: anfachen, heraustreiben) Erregungszustand des Organismus, mehr im Sinne von Angestacheltsein.

Fluxion Wallung, arterieller Blutandrang, Kongestion.
fornikal das Scheidengewölbe betreffend, zu ihm gehörend.
fornikale Exkavation bei ansteigender Erotisierung bogenförmige Erweiterung des Scheidengewölbes im inneren Scheidendrittel.
fornikale Stimulation Erregung des Scheidengewölbes.
Fornix Gewölbe, Bogen in bezug auf die Form von Organen.
Fornix-Glans-Spiel tiefes Schoß-Phallus-Spiel.
Fornix vaginae Scheidengewölbe, Scheidenbogen, Scheidengrund, Scheidentiefe; (begrenzt das Scheidenrohr nach innen und nimmt den zapfenförmig hineinragenden Teil der Gebärmutter auf, durch den das Scheidengewölbe nochmals in einen ventralen [nach der Harnblase zu gelegenen] und in einen dorsalen [nach dem Rücken zu gelegenen] Teil aufgegliedert wird).
Friktion (lat. fricare: reiben) Mini-Reize zwischen den Sexualorganen, Reibungseffekte.

Glans penis Eichel; der verdickte Endteil des Penis.
Glans-Fornix-Kontakt Phallusspiel in Schoßtiefe.

Glans-Vulva-Spiel Eichel-Vulva-Spiel, flaches Spiel der Liebesorgane oder loser Kontakt derselben.
Glans-Vulva-Vestibulum-Kontakt Stimulation im äußeren Vaginal-Drittel durch den Peniskopf.

Hyperämie (griech. hyper: über; aima: Blut) Blutüberfülle, Blutreichtum.
Hypophyse Hirnanhangdrüse; kleines bohnenförmiges Organ an der Basis des Gehirns gelegen, auch Mutterdrüse genannt, weil sie als zentrales Drüsenorgan den Hormondrüsen übergeordnet ist und deren Tätigkeit wie ein Thermostat regelt; ferner stellt sie eine enge funktionelle Verbindung zwischen Drüsensystem und Gehirn her.
Hypothalamus Teil des Zwischenhirns, der über den Stiel der Hirnanhangdrüse mit dieser und damit mit den peripheren Drüsen eine Einheit bildet: er ist beispielsweise ‚Drahtzieher' zwischen vegetativem Nervensystem und Hormondrüsen, ferner Sitz lebenswichtiger zentraler Regulationsvorgänge, äußerst kompliziert angelegte Umschaltstelle zentralnervöser und emotionaler Faktoren.

Immissio in vaginam Syn.: Intromission; Einführung des Penis.
interorgastisch zwischen den Orgasmen.
intrakoital während des Geschlechtsverkehrs.
intraorgastisch während des Orgasmus.
intravaginal in der Scheide gelegen.
Introitus vaginae Scheidenpforte, -eingang.

kinetisch (griech. kinein: bewegen) auf die Bewegung bezogen, bewegend.
klitoridal durch den Kitzler bedingt, zur Klitoris gehörig.
klonisch (griech. klonein: heftig bewegen) rhythmisch schüttelnd, stark zuckend.
Kohabitation (lat. cohabitatio: das Beisammenwohnen) -

Beischlaf, Geschlechtsverkehr.
Koitus Geschlechtsverkehr.
Kongestion (lat. „Anhäufung“) Blutfülle, lokaler Blutandrang.
Konstriktion Zusammenziehung, Abbindung von Blutgefäßen.
Kontraktionen Zusammenziehungen (z. B. von Muskeln oder Hohlorganen).
Konvulsionen (lat. convellere: erschüttern) heftige Zuckungen und Schüttelbewegungen.
Kulmination Orgasmus.
kulminieren orgastisch reagieren.

Libidosekretion (lat. libido: Vergnügen, Verlangen, Laune, Geilheit, Wollust; secretio: Absonderung, Trennung) (Syn.: Lubrikation, Lubrikat [lat. lubricare: schlüpfrig, naß, glatt machen]) Lusttröpfchen, feuchte Erotisierung. Bei der Frau: Absonderung der doppelseitigen kleinen und großen Vorhofdrüsen (Glandulae vestibulares minores und majores = Bartholinische Drüsen); beim Mann: schwach alkalisches Sekret aus den Glandulae bulbourethrales.

Mamillen Brustknospen, Brustwarzen.
mediovaginal in Scheidenmitte.
morphologisch (griech. morphae: Gestalt) die Gestalt, die äußere Form betreffend.
Motilität unwillkürliche (mit dem Willen nicht beeinflußbare), also reflektorisch oder vegetativ gesteuerte Bewegungsvorgänge (z. B. Vaginal-Motilität).
Motorik willkürliche Bewegungsvorgänge, die vom Großhirn gesteuert werden.
mutuell gegenseitig, wechselseitig.

Orgasmie Orgasmusfähigkeit.
Orgasmie, diffuse bei multiorgasmischen Frauen sehr häufig vorkommende Orgasmusform; „Auseinanderfließen" des Orgasmusgefühls.
Orgasmie, mentale (lat. mens: Denkkraft, Verstand) Orgasmusfähigkeit allein durch gedankliche Konzentration, ohne körperlichen Kontakt; Gegenteil: „nasse" Sexualträume, geträumte Orgasmen.
Orgasmie, multiple Mehrfach-Orgasmie, Orgasmusfolge; bei der Frau möglich und typisch.
orgasmieren orgastisch reagieren = kulminieren.
orgasmisch orgasmusfähig (orgastisch potent).
Ostium vaginae Scheidenmund (bei jungen Frauen springt am Scheidenmund der dorsal konkave Rand am Eingang in die Scheide in Form einer Falte hervor, die Scheidenklappe).

paroxysmal anfallsweise auftretend, sich in der Art eines Anfalls steigernd.
perivaginal um die Scheide gelegen.
phallisch durch den Phallus bedingt, die sexuellen Aktivitäten der Rute betreffend.
phallo-fornikal sexuelle Kontakte des Penis im Scheidengrund.
phallo-vaginal bzw. *vaginal-phallisch* wechselseitige Beeinflussungen der Sexualorgane.
Phallus männliches Liebesorgan in erotisiertem Zustand.
Phallus-Vagina-Kontakt Zusammenspiel der Liebesorgane.
Physiologie Lehre von den normalen Lebensvorgängen.
physiologisch normal, der Gesundheit entsprechend.
Plexus (lat. plexus: Geflecht) *venosus* netzartiges Geflecht von Blutadern.
Plexus perivaginales um die Vagina gelegene Venengeflechte.
Plexus utero-vaginales die beiderseitigen mächtigen Blut-

adergeflechte der Gebärmutter und der Scheide bilden durch zahlreiche Querverbindungen ein mächtiges Venengeflecht, das außerdem von Muskelfasern durchzogen ist und also bei sexueller Erregung durch Blutfülle als Schwellgewebe fungiert.

postorgastisch nach dem Orgasmus.

Potentia satisfactionis Fähigkeit, den Partner erotisch befriedigen zu können.

präkoital dem Geschlechtsverkehr vorausgehend.

präorgastisch unmittelbar vor dem Orgasmus.

Präputium Vorhaut, die in Ruhe eine Haut-Duplikatur, während der Erektion eine Reservefalte für die Verlängerung des Gliedes bildet.

profuse Sekretionen (lat. profusus: unmäßig, ausgelassen, verschwenderisch) reichliche, üppige Wollustsekretionen.

Reagibilität Eigenschaft oder Fähigkeit, sensibel und abgestimmt auf den Partner zu reagieren.

reflektorisch durch Reflexe bedingt, unwillkürlich.

Refraktärphase Zeitspanne, in der sonst reizbares Gewebe entweder vollständig oder nurmehr schwer erregbar ist; z. B.: postorgastische Refraktärphase beim Mann: Nachlassen der sexuellen Erregbarkeit nach dem männlichen Höhepunkt.

Relaxation Erschlaffung, Entspannung.

Rugae vaginales (lat. ruga: Runzel, Falte) die innere Schicht der Scheide (Tunica mucosa) zeigt an ihrer Oberfläche viele querverlaufende Runzeln oder Falten, die R. vaginales; sie bilden vorspringende oder nur etwas überhöhte Faltenreihen, die Scheiden-Längswülste, und haben eine besondere Bedeutung für die Reizung des Penis.

Rute Penis.

Rutenkopf Phalluskrone: Glans penis und Corona glandis.

Rutenschwellkörper Corpora cavernosa penis, am Rücken des Penis gelegene Schwellkörper, die zusammen mit dem an der Unterseite gelegenen Harnröhrenschwellkörper den

Schaft des Penis bilden; bei der Erektion werden die Bluträume (Kavernen) in den Rutenschwellkörpern prall gefüllt, während in Ruhe diese Kavernen so gut wie leer sind.

Scheidenbogen, -gewölbe, -grund Fornix vaginae.
Scheidenmund Ostium vaginae.
Scheidenmuskeln perivaginale Muskeln, Teil der Beckenbodenmuskulatur, durch deren Tätigkeit die Bewegungsvorgänge der Scheidenwände während der Erotisierung beeinflußt werden.
Scheiden-Ruten-Spiel Ausdruck weiblicher Sexualaktivität, vaginal-phallischer-Kontakt.
Scheidenvorhof Vestibulum vaginae.
Scheidenweitung Excavatio vaginae.

Sekretion (secernere: absondern, ausscheiden) bestimmten körperlichen Zwecken dienende Flüssigkeitsausscheidung.
Sexualstruktur die normalen äußerlich und innerlich bedingten Gegebenheiten des Sexuellen.
somatisch (griech. soma: Körper) körperlich.
sui generis (lat. „von seiner eigenen Art“) einzig, besonders, von eigener Art, durch sich selbst eine besondere Gruppe bildend.

Toxikologie Lehre von den Vergiftungen des Organismus und den Giftstoffen.
Tumeszenz Schwellung, Anschwellung.
Turgeszenz Anschwellung, Volumenzunahme von Geweben bzw. Organen durch vermehrten Blut- und Flüssigkeitsgehalt.
Turgor Spannungszustand, Flüssigkeitsdruck in einem Gewebe.

uterin zur Gebärmutter gehörend, auf sie bezogen.
Uterus Gebärmutter.

Vaginalmotilität reflektorisch und vegetativ gesteuerte Bewegungen der Scheidenmuskulatur und Scheidenwände.
Vasokongestion = Kongestion, prall angefüllte Blutgefäße.
Vestibulum vaginae (lat. vestibulum: Vorhalle im Haus) Scheidenvorhof.
vestibulär am Scheidenvorhof gelegen.
Vulva äußere weibl. Geschlechtsteile.

Zenit-Reagibilität sexuelle Höhenreaktionen mit oder ohne Orgasmus.

Literatur

1. Barber, L.: *Mehr Spaß mit Männern,* Berlin 1973
2. Bernhard, P.: *Die Wirkung des Rauchens auf Frau und Mutter,* Münch. med. Wschr. 104 (1962), 39, S. 1826–1836
3. Bilder-Lexikon: *Bd. I: Kulturgeschichte,* Stichwort: *Bauchtanz,* Hamburg 1961
4. Bilder-Lexikon: *Bd. V: Sexualwissenschaft,* Stichwort: *Coitus,* Hamburg 1961
5. Corning, H. K.: *Lehrbuch der Topographischen Anatomie,* München 1939
6. Fox, C. A.: *Neuere Ergebnisse zur Koitalphysiologie,* Sexualmedizin 6, (1977) S. 180–188
7. Huber, R.: *Sexualinstinkt und ästhetisches Trauma,* Sexualmedizin 6, (1977) S. 369–382
8. Ders.: *Sexualität und Bewußtsein,* Frankfurt 1971
9. Ders.: *Die aktive Vagina,* Sexualmedizin 7, (1978) S. 650–656
10. Idris, E.: *Wie erlebt die Frau die Sexualität? Gedanken zu einem aktuellen Buch,* Selecta (1975) 49, S. 4560, 4563
11. Jong, E.: *Angst vorm Fliegen,* Frankfurt 1976
12. Kemper, W.: *Die Störungen der Liebesfähigkeit beim Weibe,* Leipzig 1942
13. Kiesselbach, A. und Rosenbauer, K. A.: *Anatomie und Physiologie der Sexualorgane,* in: Giese, H. (Hrsg.): *Die Sexualität des Menschen,* Stuttgart 1971
14. Kinsey, A. C., et al.: *Das sexuelle Verhalten der Frau,* Berlin – Frankfurt 1953
15. Krafft-Ebing, R. v.: *Wiener med. Presse,* 1888
16. Marcuse, M.: *Handwörterbuch der Sexualwissenschaft,*

Stichwort: *Pollutionen des Weibes,* Bonn 1926
17. Masters, W. H./Johnson, V. E.: *Die sexuelle Reaktion,* Wiesbaden 1967
18. Dies.: *Impotenz und Anorgasmie,* Frankfurt 1973
19. Matussek, P.: *Funktionelle Sexualstörungen, in: Giese, H.: Die Sexualität des Menschen,* Stuttgart 1971
20. Medical Tribune 14, (1979) S. 4–7, Kongreßbericht: *Bypass behebt organische Impotenz*
21. Mitscherlich, Melitta: *Weibliche Sexualität und Psychoanalyse,* Psycho 3 (1977), 2, S. 107–110
22. Raboch, J. und Mellan, J.: *Parameter Zigarette,* Sexualmedizin 3, (1974) S. 175–176
23. Sherfey, M. J.: *Die Potenz der Frau,* Köln 1974
24. Sigusch, V.: *Iatrogene Anorgasmie,* Sexualmedizin 2, (1973) S. 222–223
25. Ders.: *Ejakulationsstörungen,* Sexualmedizin 4, (1975) S. 23–32
26. Stauber, M. und Schmidt-Gollwitzer, M.: *Multiorgasmen ohne Koitus,* Sexualmedizin 2, (1973) S. 74–75
27. Van de Velde, Th. H.: *Die vollkommene Ehe,* Zürich 1926
28. Vatsyayana: *Kamasutram,* München 1970
29. Zöllner, N.: *Gicht,* in: Groß, R. und Schölmerich, P.: *Lehrbuch der inneren Medizin,* Stuttgart/New York 1973